W0174838

JULIE SCHWOB

¡VIVA EL COOK!

Fotos: Louis-Laurent Grandadam

tandem.VERLAG

Die spanischen Klassiker

Madrid & Toledo

Tapas:

Das Baskenland

Die Atlantikküste

Von Pamplona bis Saragossa

Barcelona & Valencia

Ich widme dieses Buch Esteban und Rafaél, meinen Lieben.

VORWORT

¡Holà! – ¿Qué tal? – ¡Muchas gracias! – Mi corazón…
Mit diesen Redewendungen erschöpfen sich mehr oder
weniger meine Kenntnisse der spanischen Sprache.
Und was weiß ich über die kulinarischen Traditionen
Spaniens? Die Paella? Zu schwer! Die Tapas? Nicht
wirklich große Küche! Die Desserts? Zu fett und zu süß!
Und außerdem schwimmt alles in Öl. Großer Irrtum!
Wie viele andere habe auch ich meine Vorurteile,
und ich hatte niemals wirklich versucht, die Wahrheit
herauszufinden. Doch im Laufe meiner Reisen nach
Spanien habe ich einige Entdeckungen gemacht und
bin nach und nach in das Universum einer großen
kulinarischen Tradition eingedrungen, habe die Einflüsse
ergründet, die nach einer Reihe von Eroberungen
und Befreiungen durch die verschiedensten Völker
aus Spanien das machten, was es heute ist: ein Land
reich an Farben, Geschmäckern, Traditionen und
Temperamenten. Mit diesem Buch durchstreifen Sie die
verschiedenen Regionen Spaniens und genießen die
jeweils typischen Gerichte. Sie werden sie lieben,
die Küche dieses großartigen Landes.
¡Buen provecho!

Julie Schwob

DIE SPANISCHEN KLASSIKER

*Einige Lebensmitteleinkäufe sind unerlässlich,
wenn Sie die authentische Atmosphäre der
Cocina española kennenlernen wollen.*

Wie alle italienischen gehen auch die spanischen Olivenöle auf die Zeit des Römischen Reiches zurück. Damals wurden im gesamten Land massenhaft Olivenbäume gepflanzt. Heute werden in Spanien Oliven hauptsächlich in der Region in und um Andalusien kultiviert, knapp gefolgt von Katalonien, aus dem ebenfalls Olivenöl in bester Qualität stammt.

ACEITE DE OLIVAS

(Olivenöl)

In Spanien werden mehr als 250 Olivensorten angebaut. Darunter finden sich:

L'HOJIBLANCA
Sevilla, Malaga und Cordoba

Das Öl hat ein fruchtiges Aroma und schmeckt nach frischen Kräutern. Es hinterlässt einen Blumenduft auf dem Gaumen. Für Gazpacho sehr zu empfehlen.

LA PICUAL
Cordoba, Granada und Jaen

Sehr fruchtiges Öl mit einem Hauch von getrockneten Feigen und Pfirsich. Manche empfinden es als pikant und säuerlich.

ACEITE DE OLIVAS (Fortsetzung)

LE PICUDO
Cordoba, Granada und Malaga

Ein Öl mit intensivem Aroma nach unreifen Früchten; es erinnert ein wenig an Äpfel. Für kalte Suppen wie Gazpacho oder das *Ajo blanco* sehr zu empfehlen.

L'ARBEQUINA
Katalonien und Aragonien

Das leicht bittere Öl mit dem charakteristischen Geschmack nach reifen Artischocken ist ideal für Aioli.

LA CORNICABRA
Toledo und Kastilien

Ein süßliches, leicht bitteres Öl. Dank seines zarten Mandelaromas passt es hervorragend zu Fleisch und Wild.

L'EMPELTRE
Balearische Inseln und Aragonien

Das sonnengelbe Olivenöl ist ideal für Fisch und Meeresfrüchte.

Alle Sorten werden untereinander gemischt oder sortenrein gehandelt. Die besten spanischen Öle verdienen die Bezeichnung „kontrollierte Herkunft" (18 sind europaweit bekannt), unter ihnen *Baena*, *Montes de Toledo*, *Aceite de Mallorca*, *Aceite de La Rioja*.

In der spanischen Küche wird Olivenöl vielseitig verwendet: Man tränkt darin das Tomatenbrot, frittiert Fische, beträufelt den Reis für Paellas … Wenn man kochen möchte wie in Spanien, empfiehlt es sich, 3-Liter-Flaschen zu kaufen!

Der spanische Schinken ist eine der größten Spezialitäten des Landes. Sein ausgezeichneter Ruf ist längst weltweit bekannt.

JAMÓN
(Spanischer Schinken)

Die Herstellung eines Schinkens erfolgt in mehreren Schritten: schneiden, salzen, waschen, trocknen und reifen. Letzteres kann Wochen dauern, manchmal sogar Monate. Die Schinken kommen so in den Handel, wie sie nach dem Reifeprozess die Keller verlassen, das heißt, meist mit einer dünnen, modrigen bis schimmeligen Haut überzogen – Garantiemerkmal für Qualität.

Es gibt mehrere Schweinerassen, die der Herstellung von Schinken dienen, wobei die Rasse eines der stärksten Unterscheidungsmerkmale der spanischen Schinken darstellt.

Die Schweine der weißen Rasse haben mageres Fleisch. Aus ihnen wird meist Serrano-Schinken hergestellt.

Die Schweine der iberischen Rasse haben fetteres Fleisch, und ihr Schinken sieht glänzender aus. Von dieser Rasse stammt der Iberische Schinken, der *Jamón ibérico*. Er ist auch unter dem Namen *Pata negra* bekannt. Der Name geht auf die dunklen Beine der Schweine zurück; hierbei handelt es sich jedoch nicht um die offizielle Bezeichnung, denn es gibt auch Iberischen Schinken von Schweinen, die keine schwarzen Beine haben!

JAMÓN (Fortsetzung)

Ein weiteres Unterscheidungsmerkmal bezieht sich auf die Fütterung.

- Die Schweine der weißen Rasse leben in der Regel von Raufutter und Getreide.
- Die iberischen Schweine hingegen werden auf dreierlei Art gefüttert – danach unterscheidet man die speziellen Bezeichnungen:

BELLOTA OU MONTANERA

In den ersten Monaten ernähren sich die Ferkel ausschließlich im Stall von Raufutter und Muttermilch. Sobald sie 10 Monate alt sind und ein Gewicht von etwa 80 bis 100 kg erreicht haben, werden sie auf Weideflächen geführt, in die *Dehesas* (kleine, für den Westen der Iberischen Halbinsel typische Wäldchen), wo sie sich ausschließlich von Kräutern und Eicheln ernähren. Diese Mastphase, auch als *Montanera* bezeichnet, dauert etwa drei bis vier Monate.

RECEBO

Die Schweine werden auf dieselbe Weise gefüttert, doch die *Montanera* ist sehr viel kürzer.

CEBO OU CAMPO

Die Schweine werden fast ausschließlich mit Kraftfutter und Getreide gefüttert.

Für die Spanier hat der Schinken mit der Bezeichnung Bellota-Bellota® die beste Qualität. Hier verbleiben die Schweine sieben bis acht Monate in ihren *Dehesas* (etwa 1 Hektar groß), um ein Gewicht von etwa 170 kg zu erreichen. Auch der Reifeprozess des Schinkens dauert länger und kann sich bis zu 36 Monate hinziehen.

PIMIENTOS Y PIMENTÓN
(Chilis und Paprika)

LE PIMIENTO DEL PADRÓN

Die kleine grüne Chilischote ist recht pikant und wird traditionell in Padrón angebaut, einer galizischen Stadt im Nordwesten Spaniens. Man genießt sie in Öl frittiert und gesalzen. Ein typisches Tapa, sehr delikat und beliebt.

LE PIMIENTO DEL PIQUILLO

Die etwa 8 cm lange Schote in lebhaftem Rot wird vor allem bei Lodosa an der Ribera de Navarra angebaut. Roh schmeckt sie sehr bitter, daher wird sie bei starker Hitze gegrillt, dann geschält und entkernt. Leider dauert die Vorbereitung sehr lange, denn die ultra-dünne Haut lässt sich nur schwer abziehen. Daher werden diese Schoten vor allem in Dosen angeboten, ganz oder in Stücken. Obwohl sie recht teuer sind, gehören sie in zahlreiche Rezepte, wo sie als Füllung für einen Kabeljau, einen Tintenfisch oder mit Kartoffeln verarbeitet werden.

DAS PAPRIKAPULVER (PIMENTÓN)

Die spanischen Paprikaschoten sind rot und können mild oder scharf sein. Sie wachsen vor allem im Vera-Tal bei Cáceres in der Estremadura. Geerntet werden sie zwischen September und Oktober. Die Schoten werden zwei Wochen zum Trocknen ausgelegt und dann fein gemahlen. Für scharfes Paprikapulver werden die Samen mitgemahlen, für das milde werden die Samen entfernt. Die spanische Paprika ist nicht mit der ungarischen zu vergleichen, die man meist bei uns erhält. Das *Pimentón* findet in zahlreichen typisch spanischen Zubereitungen (Chorizo, *Sobrasada* von den Balearen) oder in regionalen Gerichten Verwendung: im baskischen *Marmitako* (siehe Rezept Seite 52) oder in den *Patatas bravas* (siehe Rezept Seite 33).

In Katalonien wagt es niemand, an den Tisch zu bitten, ohne vorher zu überprüfen, ob das Aioli wirklich gut gelungen ist. Diese Sauce ist ein Muss! Man isst sie zu allen Gerichten: Krustentiere, Fleisch, Kartoffeln.

SALSA DE ALLIOLI
(Aioli)

FÜR 1 SCHALE
ZUBEREITUNGSZEIT: 10 MINUTEN
KÜHLZEIT: 1 STUNDE

4 Knoblauchzehen
2 Eigelb
1 Prise Salz
Saft von 1 Zitrone
200 ml Olivenöl
500 ml Erdnussöl

- Die Knoblauchzehen schälen und sehr fein hacken (oder in den Mixer geben).
- Knoblauch und Eigelb in einer Schale vermischen. Salz und Zitronensaft zugeben.
- Beide Öle vermischen und nach und nach unter ständigem Rühren wie für eine Mayonnaise zugießen. 1 Stunde in den Kühlschrank stellen.

Varianten

ALLIOLI MIT SAFRAN
2 g Safranpulver zufügen.

ALLIOLI MIT ORANGE
Den Zitronensaft durch den Saft ½ Orange und etwas geriebene Orangenschale ersetzen.

ALLIOLI MIT PAPRIKA
½ Teelöffel Paprikapulver und 1 Teelöffel Tomatenmark zugeben.

ALLIOLI MIT PASSIONSFRUCHT
Der Zitronensaft wird durch das Fruchtfleisch von zwei Passionsfrüchten ersetzt.

Diese Sauce bildet die Grundlage für zahlreiche spanische Gerichte, wie beispielsweise die Pimientos del piquillo *(siehe Rezept Seite 73) oder die* Patatas bravas *(siehe Rezept Seite 33). Wenn man sie kennt, wird man sie lieben und kann ihr außerdem ganz nach eigenem Geschmack neue Aromen verleihen: Safran, Koriander …*

SALSA DE TOMATE PICANTE
(Scharfe Tomatensauce)

FÜR 1 SCHALE
ZUBEREITUNGSZEIT: 10 MINUTEN
GARZEIT: 20 MINUTEN

6 große reife Tomaten
3 Knoblauchzehen
1 Zwiebel
100 ml Olivenöl
½ TL Paprikapulver
1 Prise Kreuzkümmelpulver
1 Prise geriebene Chilis
1 EL Weißweinessig
1 gehäufter TL Zucker
1 Prise Salz
Einige Tropfen Tabasco

- Die Tomaten 15 Sekunden in kochendem Wasser blanchieren. Abgießen, schälen und entkernen. Das Fruchtfleisch grob würfeln.
- Den Knoblauch schälen und hacken. Die Zwiebel ebenfalls schälen und fein hacken.
- Das Olivenöl in einer Kasserolle erhitzen und Zwiebel und Knoblauch 2 bis 3 Minuten bei schwacher Hitze anbraten. Paprikapulver, Kreuzkümmel, Chilis, Essig, Zucker und Salz zufügen und alles gut verrühren.
- Die Tomatenwürfel zugeben und abgedeckt 10 Minuten bei schwacher Hitze köcheln. Den Deckel abnehmen und weitere 10 Minuten köcheln. Einige Tropfen Tabasco unterrühren.

Varianten

MIT SAFRAN
½ g Safranpulver (oder 5 Safranfäden) zufügen. So erhält die Sauce eine interessante Farbe und schmeckt sehr *caliente*.

MIT KORIANDER
Für eine maurische Note ½ Bund frischen Koriander zufügen. Die Sauce bleibt dieselbe, erinnert aber an *Chermoula* (hergestellt mit denselben Zutaten, aber nicht gekocht).

Die Horchata de chufa *ist ein gesüßtes, traditionelles Erfrischungsgetränk, das auf zerstampften Gräsern, Nüssen oder Samen basiert (hier Erdmandeln). Es waren die Mauren, die dieses Getränk in Spanien einführten. Heute ist es vor allem in den Regionen um Valencia und Alicante sehr beliebt. Das Rezept einer* Horchata *variiert je nach Herkunft ein wenig und hängt natürlich auch vom Erfindungsreichtum desjenigen ab, der sie mit Mörser und Stößel herstellt.*

HORCHATA DE CHUFA
(Erdmandelmilch)

FÜR UNGEFÄHR 1,5 LITER
EINWEICHZEIT: 12 STUNDEN
ZUBEREITUNGSZEIT: 10 MINUTEN
KÜHLZEIT: 2 STUNDEN

200 g Erdmandeln
1 große Prise Zimtpulver
200 g Zucker

- Die Erdmandeln am Vortag sorgfältig waschen und mindestens 12 Stunden in kaltem Wasser einweichen.
- Die Erdmandeln am nächsten Tag abgießen und trocken schleudern. Mit etwas frischem Wasser zu einer glatten Masse mixen.
- Nach und nach unter weiterem Mixen 1 Liter Wasser und Zucker zufügen. Am Schluss das Zimtpulver unterrühren.
- Mindestens 2 Stunden im Kühlschrank kalt stellen.

Variante

GRANIZADO
(Frostige Horchata)

1 Liter *Horchata* in eine ausreichend große und flache Schüssel gießen und 20 Minuten ins Tiefkühlfach stellen. Sobald die Oberfläche zu gefrieren beginnt, die *Horchata* mit einer Gabel verrühren und erneut in das Tiefkühlfach stellen. Diesen Arbeitsschritt mehrfach alle 30 Minuten wiederholen. Die Mischung soll Kristalle bilden, jedoch nicht ganz gefrieren. Das frostige Getränk sofort in großen Gläsern mit Strohhalmen servieren.

Auch wenn die Spanier selbst eine Sangria mittlerweile als typisches Touristengetränk ansehen, ist sie dennoch zu empfehlen – mit einem tanninhaltigen Wein, aromatisiert mit Gewürzen und Früchten. Natürlich kann man den Rotwein auch durch Weißwein ersetzen.

SANGRIA

FÜR 1 LITER SANGRIA
ZUBEREITUNGSZEIT: 15 MINUTEN
KÜHLZEIT: 3 STUNDEN

300 g frische Früchte, gemischt
(Äpfel, Orangen, unbehandelte Zitronen)
300 ml Orangensaft
750 ml Rotwein (Rioja)
100 ml Cointreau oder Triple Sec
50 ml Zuckersirup

- Die Äpfel schälen und in Würfel schneiden.
- Die Zitrusfrüchte waschen. Die Orangen in Scheiben schneiden, die Zitronen vierteln.
- Alle Früchte in eine große Schüssel geben. Die restlichen Zutaten zufügen und gut vermischen. Mindestens 3 Stunden kalt stellen.
- Die Sangria sehr kalt servieren und eventuell einige Eiswürfel unterrühren.

Variante

Für eine weiße Sangria den Rotwein durch einen leicht fruchtigen Weißwein ersetzen.

MADRID & TOLEDO

Im Jahr 1561 erhob König Philipp II. Madrid zur spanischen Hauptstadt. Von da an wurde die Stadt zu einem Ort der Begegnung und der unterschiedlichsten Einflüsse: Bauern aus Kastilien, Höflinge des Habsburgischen Reiches und Bourbonen. So entwickelte sich eine reichhaltige kulinarische Tradition, die die verschiedenen Aromen unterschiedlichster Länder vermischt.
Hier erheben sich die Hochplateaus der La Mancha. Rau, trocken und dem Wind ausgesetzt, sind diese Regionen nur dürftig besiedelt. Man begegnet selten Menschen, vielleicht einmal ein paar Schafen und natürlich Don Quichotte. Nicht vergessen darf man allerdings die Safranhersteller mit ihren unzähligen Krokusfeldern. Denn hier entsteht auch der beste Safran – Bestandteil zahlreicher spanischer Gerichte.

Die Tapas-Bars gehören vor allem am Ende eines Tages zum Leben der Spanier. Hier trifft man sich, diskutiert, isst, trinkt, lacht, schimpft, ist unter sich. Das alles meinen die Spanier, wenn sie *tapear* *(Tapas essen gehen)* sagen. Vor allem in der Gegend um Madrid gibt es die meisten und besten Tapas-Bars. Im Baskenland werden Tapas als *Pintxos* bezeichnet.

TAPAS

MEJILLONES FRITOS
(Panierte Muscheln)

FÜR 4 PERSONEN
ZUBEREITUNGSZEIT: 20 MINUTEN
GARZEIT: 5 MINUTEN

1 Ei
Salz, Pfeffer aus der Mühle
25 g Mehl
40 g Paniermehl
12 rohe Muscheln ohne Schale
1 EL Olivenöl

Holzspieße

- Das Ei in einem tiefen Teller verquirlen. Salzen und pfeffern. Mehl und Paniermehl in zwei weitere Teller geben.
- Je drei Muscheln auf einen Holzspieß stecken.
- Die Spieße nacheinander im Mehl, im Ei und schließlich im Paniermehl wenden.
- Das Öl in einer Pfanne erhitzen und die Spieße 5 Minuten bei mittlerer Hitze braten. Sofort mit einer scharfen Tomatensauce (siehe Rezept Seite 20) servieren.

PIMIENTOS RELLENOS DE MORCILLA
(Gefüllte Paprika mit Morcilla)

FÜR 4 PERSONEN
ZUBEREITUNGSZEIT: 10 MINUTEN
GARZEIT: 20 MINUTEN

250 g Morcilla (schwarze Blutwurst)
Salz, Pfeffer aus der Mühle
8 Piquillo-Paprika
1 EL Olivenöl

- Den Backofen auf 180 °C vorheizen.
- Die Pelle der Blutwurst aufschneiden und das Fleisch herausdrücken. Salzen und pfeffern.
- Die Paprikaschoten mit dem Fleisch füllen und in eine leicht geölte Form legen.
- Abgedeckt etwa 20 Minuten im Ofen braten.

MEJILLONES EN ESCABECHE
(Marinierte Muscheln)

FÜR 4 PERSONEN
ZUBEREITUNGSZEIT: 20 MINUTEN
GARZEIT: 10 MINUTEN

400 g mittelgroße Muscheln

1 Knoblauchzehe

1 Schalotte

50 g scharfe Chorizo

1 grüne Paprika

1 rote Paprika

3 EL Olivenöl

1 EL Xérès-Essig

Salz, Pfeffer aus der Mühle

1 Prise mildes Paprikapulver

1 EL frisch gehackte Petersilie

- Die Muscheln sorgfältig waschen und in einer Kasserolle mit 100 ml Wasser abgedeckt kochen, bis sie sich öffnen (Muscheln, die geschlossen bleiben, wegwerfen). Abkühlen lassen.
- Knoblauch und Schalotte schälen und fein hacken.
- Die Chorizo pellen und fein würfeln.
- Die Paprikaschoten waschen und ebenfalls fein würfeln.
- Knoblauch, Zwiebel, Paprika und Chorizo in einer Schüssel vermischen.
- Die abgekühlten Muscheln zugeben und sorgfältig mit dieser Farce vermengen. In einer Schale Olivenöl und Essig verrühren. Salzen und pfeffern. Paprikapulver und Petersilie unterrühren. Die Marinade mit den Muscheln vermengen und abschmecken.

SEPIA CON TOMATE
(Tintenfisch mit Tomaten)

FÜR 4 PERSONEN
ZUBEREITUNGSZEIT: 15 MINUTEN
GARZEIT: 10 MINUTEN

1 kleine Zwiebel

1 Knoblauchzehe

1 EL Olivenöl

300 g Tintenfisch, frisch oder
 tiefgekühlt

50 ml trockener Weißwein

1 Prise scharfes Paprikapulver

Salz

1 EL Tomatenmark

1 EL frisch gehackte Petersilie

- Die Zwiebel schälen und hacken. Den Knoblauch ebenfalls schälen und hacken.
- Das Olivenöl in einer Pfanne erhitzen und Knoblauch und Zwiebel bei schwacher Hitze 1 bis 2 Minuten andünsten.
- Den Tintenfisch zufügen (geputzt, wenn er frisch ist) und 3 Minuten von allen Seiten bräunen.
- Den Weißwein zugießen und mit Paprikapulver und Salz abschmecken. Das Tomatenmark unterrühren. 10 Minuten bei schwacher Hitze kochen, bis der Tintenfisch schön zart ist.
- Mit Petersilie bestreuen und servieren.

TAPAS (Fortsetzung)

CROQUETAS DE BACALAO
(Panierte Stockfischkroketten)

FÜR 4 PERSONEN
ZUBEREITUNGSZEIT: 30 MINUTEN
GARZEIT: 30 MINUTEN

250 g Kartoffeln
250 g Stockfisch (getrockneter,
　gesalzener Kabeljau)
½ Knoblauchzehe
1 Eiweiß
2 EL Mehl
Öl zum Frittieren

- Die Kartoffeln waschen und in eine Kasserolle legen. Den Stockfisch (nicht entsalzt) zugeben und mit Wasser bedecken. Aufkochen, die Hitze reduzieren und ungefähr 30 Minuten leise köcheln.
- Den Stockfisch aus dem Wasser heben und abkühlen lassen.
- Die Kartoffeln abgießen, pellen und in eine Schüssel reiben.
- Vom Stockfisch Haut und Gräten entfernen. Das Fleisch zerdrücken und mit den geriebenen Kartoffeln vermischen.
- Den Knoblauch fein hacken und unter die Kartoffel-Fisch-Masse mischen.
- Das Eiweiß zu Schnee schlagen und vorsichtig unterheben.
- Mit den Händen kleine Kroketten formen und im Mehl wenden.
- Das Öl auf 180 °C erhitzen, die Kroketten zugeben und 3 bis 4 Minuten frittieren. Die Kroketten aus dem Öl heben, abtropfen lassen und weitere 2 Minuten frittieren, bis sie goldbraun sind. Auf Küchenpapier abtropfen lassen.
- Mit einer pikanten Tomatensauce servieren (siehe Rezept Seite 20).

PATATAS BRAVAS
(Bratkartoffeln mit Tomatensauce)

FÜR 4 PERSONEN
ZUBEREITUNGSZEIT: 15 MINUTEN
GARZEIT: 20 MINUTEN

300 g Kartoffeln
120 ml Olivenöl
½ scharfe Chili
250 ml pikante Tomatensauce
　(siehe Rezept Seite 20)

- Die Kartoffeln schälen und würfeln. Unter kaltem Wasser waschen und sorgfältig abtrocknen.
- Das Öl in einer Pfanne erhitzen und die Kartoffeln bei mittlerer Hitze 15 bis 20 Minuten mit der Chili braten (falls nötig, etwas Öl zugeben: Die Kartoffeln dürfen nicht am Pfannenboden haften bleiben.)
- Die Tomatensauce erwärmen und über die gebratenen Kartoffeln gießen. Vorher die Chili entfernen und sofort servieren.

Dies ist das wahre spanische Nationalgericht und bei ausländischen Touristen auch das bekannteste. Das Kartoffelomelette gab es schon vor vielen Jahrhunderten, und es wurde bereits in einem der ersten spanischen Kochbücher Arte de cocina y pastelería *erwähnt. Im Laufe der Zeit ist die Liste der Tortilla-Zutaten allerdings länger geworden: Champignons, Zwiebeln, Spinat, Tomaten … In Valencia wird die Tortilla mit Reis und Schinken genossen, wohingegen man sie in Grenada dank der vielen Stierkämpfe mit Stierhoden und Hirn zubereitet.*

TORTILLA DE PAPAS
(Kartoffel-Tortilla)

FÜR 4 PERSONEN
ZUBEREITUNGSZEIT: 20 MINUTEN
GARZEIT: 20 MINUTEN

800 g Kartoffeln
150 ml Olivenöl
5 Eier
Salz, Pfeffer aus der Mühle

- Die Kartoffeln schälen und würfeln. Die Würfel unter kaltem Wasser waschen und sorgfältig abtrocknen.
- 100 ml Olivenöl in einer Pfanne erhitzen und die Kartoffeln 15 Minuten bei mittlerer Hitze unter regelmäßigem Rühren braten.
- Die Eier in einer Schüssel verquirlen. Salzen und pfeffern. Die gebratenen Kartoffeln zugeben und alles gut vermengen.
- Das restliche Öl in die Pfanne geben und die Kartoffel-Ei-Masse zugeben. Bei mittlerer Hitze eine Tortilla braten. Nicht wenden, bis sie fest wird. Erst dann vorsichtig wenden, 1 bis 2 Minuten von der anderen Seite braten, dann erneut wenden, damit die Tortilla schön fest und kompakt wird.
- Die Tortilla in Würfel oder Streifen schneiden und warm oder kalt servieren.

Varianten

TORTILLA DE ESPINACS
Mit Spinat (250 g frischen Spinat in einer Pfanne mit etwas Öl dünsten; dafür die Kartoffelmenge leicht reduzieren).

TORTILLA CATALANA A LA BUTIFARRA
Mit katalanischer Wurst.

TORTILLA A LA NAVARRA
Mit weißem Spargel.

TORTILLA MURCIANA
Mit frischem Gemüse (Tomaten, Zucchini etc.).

TORTILLA A LA GALLEGA
Mit Thunfisch (frisch oder eingelegt).

Das Pisto manchego (Pesto aus La Mancha) *ist in Spanien ebenso beliebt wie die Ratatouille in Frankreich. Man genießt es als Beilage zu Fleisch und Fisch. Es handelt sich um sonnengereiftes Gemüse, das behutsam eingekocht wird. Feinschmecker genießen es auch mit Rührei oder Spiegelei.*

PISTO MANCHEGO
(Gemüse aus La Mancha)

FÜR 4 PERSONEN
ZUBEREITUNGSZEIT: 15 MINUTEN
GARZEIT: 30 MINUTEN

500 g reife Tomaten
500 g grüne Paprika
2 EL Olivenöl
1 Prise Salz

- Die Tomaten waschen und vierteln.
- Die Paprika waschen und in dünne Streifen schneiden.
- Das Öl in einer Kasserolle erhitzen und die Paprikastreifen bei mittlerer Hitze weich dünsten.
- Tomaten und Salz zugeben. Alles gut vermischen, die Hitze reduzieren, abdecken und unter gelegentlichem Rühren so lange kochen, bis die gesamte Flüssigkeit verdampft ist. Das Gemüse sollte leicht eingekocht sein. Dies dauert etwa 20 Minuten.

Varianten

MIT DREIFARBIGEN PAPRIKA
Rote, gelbe und grüne Paprika zufügen.

MIT GELBEN UND GRÜNEN ZUCCHINI
1 gelbe und 1 grüne Zucchini würfeln und von Anfang an mitkochen.

MIT RÜHREI
Gegen Ende der Garzeit die Hitze erhöhen und pro Person 1 Ei unterrühren. Salzen, pfeffern, alles gut vermengen und unter Rühren braten.

MIT SPIEGELEI
Das Gemüse auf einzelne Teller verteilen und mit je einem Spiegelei belegen. Salzen und pfeffern.

Die Sopa de ajo ist in Kastilien, was das Gazpacho in Andalusien ist: ein Muss! Dabei war die Knoblauchsuppe einst ein Gericht für Arme, von den Bauern gekocht mit dem wenigen, was sie hatten. Im Laufe der Jahre entwickelte sich auch die Knoblauchsuppe zu einem vollständigen und reichhaltigen Gericht. Mittlerweile gehören Speck, Schinken, Olivenöl und vielleicht ein pochiertes Ei längst dazu. Traditionell wird die Knoblauchsuppe in einer Cazuela serviert, einem kleinen, tiefen Keramikteller.

SOPA DE AJO
(Knoblauchsuppe)

FÜR 4 PERSONEN
ZUBEREITUNGSZEIT: 20 MINUTEN
GARZEIT: 30 MINUTEN

10 Knoblauchzehen
100 ml Olivenöl
2 TL mildes Paprikapulver
1 l Hühnerbrühe
4 dicke Scheiben altbackenes
   Bauernbrot
4 frische Eier
Salz
1 EL Weißweinessig
100 g Serrano-Schinken, in Streifen
   geschnitten
1 EL frisch gehackte glatte Petersilie

- Die Knoblauchzehen schälen und grob hacken.
- In einem Schmortopf das Olivenöl erhitzen und den Knoblauch bei schwacher Hitze leicht bräunen. Das Paprikapulver unterrühren und 2 bis 3 Minuten bei schwacher Hitze mitbraten.
- Die Hühnerbrühe zugießen und 20 Minuten bei schwacher Hitze köcheln.
- Das Brot würfeln und in die Suppe geben. Weitere 5 Minuten leise köcheln.
- Die Eier 3 Minuten in einem Topf mit kochendem Salzwasser und etwas Essig pochieren.
- Die Suppe in 4 Schalen oder tiefen Tellern servieren, dabei die Brotwürfel gleichmäßig aufteilen. Je ein pochiertes Ei und einige Schinkenstreifen auflegen. Mit gehackter Petersilie bestreuen und sofort servieren.

Variante

Sie können die Eier nacheinander auch direkt in der Suppe pochieren: jedes Ei auf einen großen Suppenlöffel geben und langsam in die Suppe gleiten lassen. Achten Sie darauf, dass das Eiweiß sich nicht zu stark verliert.

Die Legende erzählt, das Cocido sei das Lieblingsgericht der Infantin Isabella gewesen, der Schwester von Alfons XII. von Spanien. Oft flüchtete sie in ein Versteck des Palastes, um – ermüdet vom königlichen Prunk – ein schlichtes Cocido zu genießen … und natürlich einen ihrer zahlreichen Liebhaber. Die Madrilenen gaben Isabella den Beinamen Chata*, und nicht selten sah man sie auf der Suche nach einem guten Cocido die Straßen der Altstadt durchstreifen!*

Heute wie gestern ist das Cocido eine Institution in Madrid. Es wird zubereitet wie ein klassischer Eintopf, aber in drei Gängen gegessen: zuerst die Suppe, dann das Gemüse und die Kichererbsen und schließlich Fleisch und Speck.

COCIDO MADRILEÑO
(Eintopf aus Madrid)

FÜR 4 PERSONEN
EINWEICHZEIT: 12 STUNDEN
ZUBEREITUNGSZEIT: 40 MINUTEN
GARZEIT: 2,5 STUNDEN

400 g Kichererbsen
1 Prise grobes Meersalz
200 g Suppenfleisch vom Rind
200 g Schweinebrust
1 kleine Haxe
100 g Speck
1 Markknochen
1 Hühnerkeule, gewürfelt
1 kleine Chorizo
2 *Morcillas* (spanische Blutwurst)
1 Wirsing
2 Knoblauchzehen
2 EL Olivenöl
1 EL mildes Paprikapulver
   (*pimentón dulce*)
4 Kartoffeln
3 Karotten
100 g Toastbrot
1 TL frisch gehackte Petersilie
1 Eigelb
100 g Hackfleisch vom Rind
50 g Suppennudeln

- Am Vortag die Kichererbsen in einer Schüssel mit kaltem Wasser und 1 Prise Salz einweichen.
- Am folgenden Tag Suppenfleisch, Schweinebrust, Haxe, Speck, Markknochen, Geflügelkeule, Chorizo und Blutwürste in einen Topf geben. Mit kaltem Wasser bedecken und aufkochen.
- Die Kichererbsen abgießen und zugeben. Abdecken und etwa 2 Stunden kochen. Von Zeit zu Zeit den Schaum abschöpfen.
- Den Wirsing waschen, die äußeren Blätter und den harten Strunk entfernen, den Rest in breite Streifen schneiden. In einer Kasserolle mit kochendem Salzwasser 20 Minuten garen. Abgießen und im Topf warmhalten.
- Den Knoblauch schälen und hacken. Bei schwacher Hitze in einer Pfanne mit etwas Olivenöl leicht bräunen. Das Paprikapulver zufügen und 1 Minute mitbraten. Beiseitestellen.
- Kartoffeln und Karotten schälen und würfeln.
- Sobald das Fleisch gar ist, Kartoffeln und Karotten zugeben. Die Knoblauch-Paprika-Mischung unterrühren und weitere 20 Minuten kochen.
- Toastbrot, Petersilie, Eigelb und Hackfleisch zu einer glatten Farce vermischen und mit den Händen kleine Frikadellen formen.
- Fleisch, Gemüse und Kichererbsen aus dem Topf heben und warm stellen.
- Die Brühe bei mittlerer Hitze erneut aufkochen. Nudeln und Frikadellen zugeben. 10 Minuten kochen.
- Die Frikadellen aus der Brühe heben (die Nudeln im Topf lassen).
- Fleisch, Kichererbsen, Karotten, Kartoffeln und Wirsing auf einem großen Teller anrichten.
- Die Brühe mit den Suppennudeln auf 4 Schalen oder tiefe Teller verteilen und die Frikadellen zugeben. Sofort servieren.

In Madrid werden Churros *meist zum Frühstück zu einer heißen, sehr dickflüssigen Schokolade genossen – oder auch am Ende einer durchzechten Nacht. Sie werden in Cafés oder speziellen* Churrerias *angeboten. In Sevilla heißen sie* Calentitos *und in Granada* Tejeringos. *Auch in Südamerika sind* Churros *bekannt und werden meist mit einer Füllung aus Milch- oder Zimtcreme verzehrt.*

CHURROS

FÜR 4 PERSONEN
ZUBEREITUNGSZEIT: 5 MINUTEN
GARZEIT: 5 MINUTEN

1 Prise Salz
1 TL Olivenöl
200 g Mehl
Öl zum Frittieren
50 g Zucker

- In einem Topf 200 ml Wasser mit 1 Prise Salz und dem Olivenöl aufkochen. Das Mehl unter ständigem Schlagen mit einem Schneebesen rasch einrühren, bis ein gleichmäßiger Teig entsteht. Den Topf vom Herd nehmen, sobald der Teig an den Topfrändern haften bleibt, und abkühlen lassen.
- Den Teig in einen Spritzbeutel mit einer relativ großen Öffnung füllen.
- Das Frittieröl erhitzen und etwa 15 cm lange Teigschlangen in das Öl gleiten lassen. 3 bis 4 Minuten frittieren, bis sie goldbraun sind. Den Teig in mehreren Etappen verarbeiten. Mithilfe eines Schaumlöffels aus dem Öl heben und auf Küchenpapier abtropfen lassen.
- Die noch warmen Churros in dem Zucker wenden und sofort servieren. (Sie können sie auch mit etwas Zimt bestreuen.)

Zum Tunken

SCHOKOLADE

FÜR 4 PERSONEN
ZUBEREITUNGSZEIT: 5 MINUTEN
GARZEIT: 5 MINUTEN

250 g Blockschokolade
1 l Milch
300 ml Sahne

- Die Schokolade fein reiben.
- Die Milch in einer Kasserolle aufkochen.
- Vom Herd nehmen und die Schokolade zugeben. Sorgfältig einrühren, bis die Schokolade leicht abgekühlt ist.
- Die Sahne unterrühren und sofort servieren.

DAS BASKENLAND

Die Küche des Baskenlandes, das sich von den west-
lichen Pyrenäen bis zur Atlantikküste erstreckt, spiegelt
sowohl die kulinarischen Traditionen der Fischer als
auch die des Bergvolkes wider. Darüber hinaus hat sich
die baskische Küche in den letzten 30 Jahren verstärkt
auf ihre alten Traditionen besonnen (die Saucen al pil
pil, Vizcaína, die Eintöpfe der Fischer und die zahlreichen Bergkäse). Heutzutage setzt sie vor allem auf
Schlichtheit und Unverfälschtheit der Aromen.
Inzwischen gibt es im Baskenland mehr Sterneköche als
im gesamten Spanien.

Im Baskenland werden Tapas als Pintxos *(kleine Happen) bezeichnet und auf weißen Tellern mit Olivenöl und Petersilie serviert.* Pintxos *sind in vielen baskischen Restaurants wahre Kunstwerke. Den wunderbaren Canapés wird ein Großteil der Aufmerksamkeit gewidmet. Die Basken sind leidenschaftliche Köche. Ihre Küche hebt sich von der traditionellen spanischen Küche ab, weil sie auf bewundernswerte Weise die delikatesten Aromen miteinander verbindet und die Gerichte geradezu kunstvoll präsentiert werden.*

PINTXOS ANCOIS

FÜR 4 PERSONEN
ZUBEREITUNGSZEIT: 20 MINUTEN
GARZEIT: 3 MINUTEN

1 rote Paprika
1 grüne Paprika
2 Knoblauchzehen
36 Sardellenfilets in Öl
3 EL Olivenöl
Pfeffer aus der Mühle
12 Scheiben Baguette
1 TL frisch gehackte glatte Petersilie

- Die Paprikaschoten waschen und fein würfeln.
- Den Knoblauch schälen und hacken. Die Sardellenfilets abgießen.
- Paprikawürfel und Knoblauch in einer Schüssel vermischen. 2 Esslöffel Olivenöl unterrühren und pfeffern.
- Die Baguettescheiben vorsichtig toasten.
- Jede Scheibe mit 3 Sardellenfilets belegen und je 1 Teelöffel der Paprikamischung darauf verteilen.
- Das restliche Olivenöl in einer Schale mit der gehackten Petersilie verrühren.
- Die Sardellen-*Pintxos* auf einem Servierteller anrichten und mit dem Petersilien-Öl beträufeln.

Variante

PINTXOS MIT SARDINEN
Ersetzen Sie die Sardellenfilets durch frische, in einer Pfanne mit 1 Esslöffel Olivenöl kurz angebratene Sardinenfilets (1 Filet pro Baguettescheibe).

Ein anderes klassisch baskisches Pintxo sollte man natürlich am besten mit den Euskadulnak (den Bewohnern des Baskenlandes) genießen und mit ihnen auf Euskera sprechen. Es ist allgemein bekannt, dass die Basken auf ihre Andersartigkeit und ihre Unabhängigkeit bestehen. Dank ihres unbeugsamen Charakters konnten sie sich ihre traditionelle Sprache erhalten, selbst über die Franco-Jahre hinaus. Daher sollten Sie nicht vergessen, sich bei den baskischen Köchen, die Ihre Mahlzeit liebevoll zusammengestellt haben, mit einem freundlichen Esskerik asko (Danke) zu bedanken: Es wird sie freuen!

PINTXOS DE CALAMARES ENCEBOLLADO
(Tintenfisch mit Zwiebeln)

FÜR 4 PERSONEN
ZUBEREITUNGSZEIT: 20 MINUTEN
GARZEIT: 10 MINUTEN

800 g Tintenfisch
3 Zwiebeln
6 EL Olivenöl
1 TL frisch gehackte glatte Petersilie
12 Scheiben Baguette
Salz, Pfeffer aus der Mühle

- Haut und „Knochen" von den Tintenfischen abziehen und die Tintenfische unter kaltem Wasser gründlich abwaschen.
- Die Zwiebeln schälen und fein hacken. Mit 2 Esslöffeln Olivenöl in einer Pfanne bei schwacher Hitze 10 Minuten sehr weich dünsten.
- In einer anderen Pfanne 2 Esslöffel Öl erhitzen und die Tintenfische bei starker Hitze 5 bis 6 Minuten unter Rühren anbraten. Warm stellen.
- Das restliche Olivenöl in einer Schale mit der gehackten Petersilie verrühren.
- Die Baguettescheiben toasten und mit dem Petersilien-Öl beträufeln.
- Die gedünsteten Zwiebeln auf die Brote verteilen und mit den Tintenfischen belegen. Salzen und pfeffern.
- Mit dem restlichen Petersilien-Öl servieren.

Variante

Sie können den Tintenfisch auch durch frische Muscheln ersetzen.

Dieses Gericht führt im Baskenland zu wahren Streitgesprächen! Wird der Stockfisch mit Haut oder ohne Haut gekocht? Ist es richtig oder wichtig, dass die Haut nach und nach während des Kochens Gelatine abgibt, die dann die Sauce andickt? Fragen, die die Welt – zumindest die baskische – bewegen!

BACALAO AL PIL PIL
(Stockfisch mit Knoblauch und Olivenöl)

FÜR 4 PERSONEN
EINWEICHZEIT: 36 STUNDEN
ZUBEREITUNGSZEIT: 20 MINUTEN
GARZEIT: 10 MINUTEN

4 Scheiben Stockfisch, gesalzen und
  mit Haut (jede Scheibe etwa 100 g)
6 Knoblauchzehen
1 Handvoll getrocknete Paprika
250 ml Olivenöl

- Den Stockfisch in einer Schüssel mit kaltem Wasser (oder Milch) 36 Stunden entsalzen und einweichen, dabei drei- oder viermal wenden.
- Den Stockfisch abgießen, gründlich abwaschen und mit Küchenpapier trocken tupfen.
- Den Knoblauch schälen und hacken. Die Paprika fein zerstoßen. Knoblauch und Paprika in einer Pfanne mit etwas Olivenöl bei schwacher Hitze bräunen, bis die Mischung zu duften beginnt. Mit einem Schaumlöffel herausheben.
- Den Stockfisch in demselben Öl mit der Haut auf dem Pfannenboden 5 Minuten bei schwacher Hitze braten. Nach und nach setzt die Haut Gelatine frei. Den Stockfisch wenden und weitere 5 Minuten braten. Auf einem Teller beiseitestellen.
- Öl und Gelatine aus der Pfanne durch ein feines Metallsieb streichen und wieder in die Pfanne geben. Etwas Wasser zufügen, bis die Sauce die gewünschte Konsistenz erreicht hat.
- Den Stockfisch und die Paprika-Knoblauch-Mischung wieder in die Pfanne geben und kurz durchwärmen. Sofort servieren.

Tipp

Für dieses Rezept sollten Sie keinen bereits entsalzenen Stockfisch verwenden. Die Haut gibt keine Gelatine ab und es wird schwierig, eine wirklich sämige Sauce herzustellen.

Das Marmitako ist ein typisches und sehr altes baskisches Gericht: Es wird in einem speziellen Aluminiumtopf gekocht, einem der wenigen Kochutensilien an Bord der Fischerboote. Und ja, das Marmitako ist ein klassisches Gericht der Meeresküche!

Aber auch an Land ist es unverzichtbar geworden und Teil zahlreicher Kochwettbewerbe sowohl im Baskenland als auch in ganz Spanien.

MARMITAKO
(Kartoffelragout mit Thunfisch und Paprika)

FÜR 4 PERSONEN
ZUBEREITUNGSZEIT: 15 MINUTEN
GARZEIT: 30 BIS 40 MINUTEN

800 g frischer roter Thunfisch

4 große Kartoffeln

4 große Tomaten

8 rote Paprika

6 grüne Paprika

2 Knoblauchzehen

1 große Zwiebel

4 EL Olivenöl

Salz, Pfeffer aus der Mühle

2 Thymianzweige

2 Lorbeeblätter

200 ml trockener Weißwein

- Den Thunfisch in 2 cm große Würfel schneiden.
- Die Kartoffeln schälen und ebenfalls in Würfel schneiden.
- Tomaten und Paprika waschen und würfeln.
- Knoblauch und Zwiebeln schälen und hacken.
- In einem Aluminiumtopf (oder einem Schmortopf) das Olivenöl erhitzen, Knoblauch, Zwiebel, Paprika und Tomaten zugeben. Alles gut vermischen und bei schwacher Hitze dünsten.
- Kartoffeln und Thunfisch zugeben. Salzen und pfeffern. Thymian und Lorbeerblätter zugeben und gut verrühren. Den Wein und so viel Wasser zugießen, dass die Oberfläche bedeckt ist. Den Deckel auflegen und 30 bis 40 Minuten bei schwacher Hitze köcheln. Warm servieren.

Variante

Sie können dieses Gericht auch mit Schwertfisch oder weißem Thunfisch zubereiten.

Der baskische Kuchen par excellence: ein Mythos! Es handelt sich um einen dicken Mürbeteig, der traditionell mit Konditorcreme gefüllt wird, aber manchmal auch mit einer Schwarzkirschkonfitüre. Hergestellt natürlich aus baskischen Kirschen!

PASTEL VASCO
(Baskischer Kuchen)

FÜR 4 PERSONEN
ZUBEREITUNGSZEIT: 40 MINUTEN
BACKZEIT: 40 MINUTEN

Für den Teig:

125 g weiche Butter

125 g Zucker

1 Päckchen Vanillezucker

2 Eier + 1 Eigelb zum Bestreichen

250 g Mehl, gesiebt

5 g Backpulver, gesiebt

Puderzucker zum Bestäuben
  (optional)

Für die Mandelcreme:

250 ml Milch

1 Vanilleschote

2 Eigelb

65 g Zucker

25 g Mehl

50 g gemahlene Mandeln

1 Glas Kirschkonfitüre

- Zubereitung des Teigs: In einer großen Schüssel Butter, Zucker und Vanillezucker mit dem Handrührgerät schaumig schlagen. Die beiden Eier nacheinander unter Schlagen zufügen. Mehl und Backpulver einarbeiten. Ein Teigkugel formen, mit Folie abdecken und kalt stellen.
- Zubereitung der Mandelcreme: Die Milch mit der geöffneten Vanilleschote und ihren Samen in einer Kasserolle aufkochen. In einer Schüssel Eigelb und Zucker schaumig schlagen, dann das Mehl unterrühren. Die Vanilleschote aus der Milch heben und die Milch mit der Ei-Zucker-Mischung verrühren.
- Die Mischung erneut in die Kasserolle gießen und bei schwacher Hitze erwärmen, bis die Creme andickt. Dabei ständig mit einem Holzlöffel rühren. Beim ersten Aufkochen die Kasserolle sofort vom Herd nehmen und vollständig abkühlen lassen. Dann die Mandeln unterrühren. Kalt stellen.
- Den Backofen auf 180 °C vorheizen.
- Den Teig in zwei Hälften teilen. Die eine Hälfte in einer Backform ausrollen. Erst mit der Mandelcreme, dann mit der Kirschkonfitüre bestreichen. Die zweite Teighälfte darüber verteilen und dabei die Ränder gut verschließen.
- Die Oberfläche des Teiges mit Eigelb bepinseln und den Kuchen 40 Minuten im Ofen backen.
- Den Kuchen mit Puderzucker bestäuben und abkühlen lassen.

Variante

Ich möchte versichern, dass die bretonische Version dieses Kuchens ebenfalls ausgezeichnet ist: Ersetzen Sie dazu einfach die Kirschkonfitüre durch entkernte Pflaumen!

EN ACEITE VEGETAL

CONSERVAS
ORTIZ
El Velero
VENTRESCA
DE BONITO DEL NORTE
EN ACEITE DE OLIVA

Suis Escuris Batalla
LoBueno
Rías Gallegas
3/5
Navajas al natural

FACIL
APERTURA
CABO
de PEÑAS
Elaborado en Galicia
Pulpo
en aceite vegetal

LBO ®
Aceite de Oliva
PULPO
EN ACEITE DE OLIVA
INGREDIENTES: PULPO, ACEITE DE OLIVA Y SAL
PESO NETO 116 g · PESO ESCURRIDO 75 g

DESDE
1891
CONSERVAS
ORTIZ
El Velero
ABRE FACIL
ANCHOAS en aceite de oliva

BERNARDO ALFAGEME
MIAU Calamares
en Salsa Americana

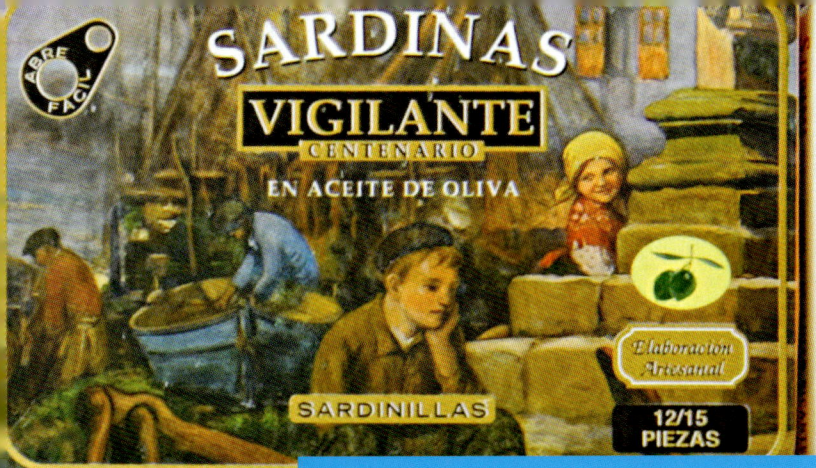

DIE ATLANTIK-KÜSTE

Galizien, Asturien, Kantabrien

Diese drei Regionen erstrecken sich an der Nordwest-küste Spaniens. Unter dem Einfluss des Ozeans ver-mischen sich maritime und ländliche Kulturen.
Die Gerichte, die von hier stammen, sind Kombina-tionen aus frischem Fisch, frischen und getrockneten Bohnen, Reis, Milchprodukten und lokalen Käsesorten. Galizien versorgt ganz Spanien mit Fisch, und zahl-reiche seiner traditionellen Gerichte sind landesweit bekannt und beliebt. Daher verwundert es nicht, dass man Oktopus auf galizische Art auf Speisekarten über-all in Spanien findet. Sowohl frisch als auch konser-viert wird dieses Gericht in fast allen Tapas-Bars des Landes angeboten.

Die Fabada *verdankt ihren Namen den weißen Bohnen* (Fabes)*, die als Hauptzutat gelten. Wie viele andere getrocknete Gemüsesorten auch, kamen die Bohnen im 16. Jahrhundert durch die spanischen Eroberer, die sie von ihren Reisen mitbrachten, nach Spanien. Einst ein typisches Gericht der Armen, wurden nach und nach Weizen und andere in Spanien kultivierte Getreide hinzugefügt, und allmählich fand das Gericht Zugang zu den Adelskreisen Asturiens. Heute ist die* Fabada ***das*** Traditionalgericht der Region.*

FABADA
(Bohneneintopf mit Wurst)

FÜR 4 PERSONEN
EINWEICHZEIT: 12 STUNDEN
ZUBEREITUNGSZEIT: 15 MINUTEN
GARZEIT: 2 STUNDEN

500 g weiße Bohnen
4 kleine Chorizos zum Kochen
   (oder 2 große)
125 g Serrano-Schinken
125 g Speck, dünn geschnitten
2 *Morcillas* (schwarze Blutwurst)
250 g Schweinefleisch
1 kleine Zwiebel
2 Knoblauchzehen
1 EL Olivenöl
½ TL mildes Paprikapulver
Einige Safranfäden
1 EL frisch gehackte Petersilie
1 Prise Salz

- Die Bohnen am Vortag in einer großen Schüssel mit kaltem Wasser mindestens 12 Stunden einweichen.
- Die Bohnen abgießen. Das gesamte Fleisch in einen tiefen Topf legen und die Bohnen darüber geben. Mit Wasser bedecken und aufkochen. Ungefähr 1 Stunde bei schwacher Hitze köcheln (gegebenenfalls Wasser nachgießen, die Oberfläche muss immer bedeckt sein).
- Zwiebel und Knoblauch schälen und hacken.
- Das Olivenöl in einer kleinen Kasserolle erhitzen und Zwiebel, Knoblauch, Paprika und Safranfäden 2 bis 3 Minuten bei schwacher Hitze darin dünsten. Die Mischung mit Petersilie und Salz unter die Bohnen rühren. Deckel aufsetzen und 1 weitere Stunde bei schwacher Hitze köcheln.

Dies ist ein typisches Gericht aus Kantabrien, das Gemüse und Meeresprodukte miteinander kombiniert. Nichts ist schlichter und aromatischer. Je nach Fischsaison können Sie dieses Rezept auch mit Venus- oder Miesmuscheln zubereiten.

ALCACHOFAS CON ALMEJAS
(Artischocken mit Herzmuscheln)

FÜR 4 PERSONEN
ZUBEREITUNGSZEIT: 15 MINUTEN
GARZEIT: 30 MINUTEN

4 Artischocken
Saft von 1 Zitrone
500 g Herzmuscheln
2 Schalotten
2 EL Olivenöl
200 ml trockener Weißwein
Salz, Pfeffer aus der Mühle
1 EL frisch gehackte Petersilie

- Die Artischocken waschen und den Stamm auf 5 bis 6 cm zurückschneiden. Mithilfe eines spitzen Messers die Blätter auf zwei Drittel einkürzen und von oben einschneiden. Die Artischocken vierteln und die faserigen Teile entfernen. Die Artischocken sofort mit Zitronensaft beträufeln.
- Die Artischocken in eine Kasserolle mit kochendem Salzwasser geben und 20 Minuten garen.
- Die Muscheln sorgfältig in kaltem Wasser waschen.
- Die Schalotten schälen und hacken.
- Das Olivenöl in einem großen Topf erhitzen, die Schalotten zugeben und 2 Minuten bei schwacher Hitze dünsten. Die Muscheln zugeben und gut verrühren. Den Deckel aufsetzen und kochen, bis sich die Muscheln öffnen (geschlossene Muscheln wegwerfen).
- Den Wein zugießen und die gekochten Artischocken unterrühren. Einige Minuten durchwärmen, salzen und pfeffern.
- Auf einzelne Teller verteilen und mit gehackter Petersilie bestreuen.

Varianten

MIT SAHNE
Vor dem Zugeben der Artischocken 150 ml Sahne unterrühren.

MIT SAFRAN
½ Teelöffel Safranpulver mit dem Weißwein zugeben.

MIT PAPRIKA
1 Esslöffel mildes Paprikapulver mit den Schalotten zugeben.

Die Zubereitung eines Oktopus macht vielen Köchen Angst: Wird er zart genug? Wird er wirklich gar? Im Grund hängt alles von der Größe des gekauften Tieres ab. Um sicherzugehen, sollte man den Kraken während des Kochens immer wieder probieren. Sie können etwas Weißweinessig ins Kochwasser geben. Dadurch erhält der Oktopus eine schöne Farbe und wird auch zarter, allerdings darf er nicht zu weich werden. Wenn Sie tiefgefrorenen Oktopus während des Auftauens beklopfen, wird er ebenfalls zarter.

PULPO A LA GALLEGA
(Oktopus auf galizische Art)

FÜR 4 PERSONEN
ZUBEREITUNGSZEIT: 25 MINUTEN
GARZEIT: 1,5 STUNDEN

1 Zweig getrockneter Thymian

1 Gewürznelke

1 Lorbeerblatt

500 g Oktopus

4 kleine Kartoffeln

2 Knoblauchzehen

100 ml Olivenöl

1 TL mildes Paprikapulver

1 TL getrocknete Chilis

Salz

1 EL frisch gehackte Petersilie

- In einer großen Kasserolle Wasser mit Thymian, Gewürznelke und Lorbeerblatt zum Kochen bringen. Den Oktopus zugeben und dabei darauf achten, dass er nicht an den Topfwänden haften bleibt. Ungefähr 1 Stunde bei schwacher Hitze kochen.
- Den Oktopus abgießen und unter kaltem Wasser abschrecken. In mundgerechte Stücke schneiden.
- Die Kartoffeln mit Schale in einen Topf mit kaltem Wasser geben, aufkochen und 25 bis 30 Minuten kochen. Die Kartoffeln abgießen, pellen und in mundgerechte Stücke schneiden.
- Den Knoblauch schälen und hacken.
- In einer Kasserolle das Olivenöl erhitzen und den Knoblauch 1 Minute bei schwacher Hitze bräunen. Den Topf vom Herd nehmen, Paprikapulver, getrocknete Chilis und etwas Wasser einrühren.
- Fischstücke und Kartoffelwürfel in einer Schüssel verrühren und salzen. Mit der Paprikasauce übergießen und mit der gehackten Petersilie bestreuen.

Die Empanada *ist eine gefüllte Teigtasche, die von Spanien aus die ganze Welt eroberte.*
Heute werden die meisten Empanadas *in Mexiko gegessen. In Galizien wird die* Empanada
mit dem Königsfisch der Küste zubereitet: dem Thunfisch.

EMPANADA GALLEGA
(Teigtasche mit Thunfisch)

FÜR 4 PERSONEN
ZUBEREITUNGSZEIT: 40 MINUTEN
RUHEZEIT: 1 STUNDE
GARZEIT: 50 MINUTEN

3 grüne Paprika

3 *Piquillo*-Paprika

250 g weißer Thunfisch, eingelegt
 oder natur

3 reife Tomaten

5 kleine Zwiebeln

100 ml Olivenöl

1 Prise Salz

1 große Prise mildes Paprikapulver

2 EL frisch gehackte Petersilie

Für den Teig:

5 g Hefe

200 ml lauwarmes Wasser

500 g Mehl

1 Prise Salz

1 TL scharfes Paprikapulver

100 ml Olivenöl

1 verquirltes Ei zum Bestreichen

- Die Paprika waschen und in dünne Streifen schneiden. Den Thunfisch abgießen. Die Tomaten waschen und würfeln. Die Zwiebeln schälen und hacken.
- Das Öl in einer Pfanne erhitzen und Zwiebeln, Paprika und Tomaten etwa 15 Minuten bei schwacher Hitze dünsten.
- Thunfisch, Salz und Paprikapulver zugeben. Alles gut vermischen und die Pfanne vom Herd nehmen. Mit gehackter Petersilie bestreuen und abkühlen lassen.
- Den Backofen auf 180 °C abkühlen lassen.
- Zubereitung des Teigs: In einer Schüssel die Hefe in 1 Esslöffel lauwarmem Wasser auflösen. 2 Esslöffel Mehl unterrühren, dann Salz, Paprikapulver, Olivenöl, das restliche Wasser und das restliche Mehl zugeben. Den Teig kräftig kneten und zu einer Kugel formen. Mit Folie abdecken und 1 Stunde bei Zimmertemperatur gehen lassen.
- Den Teig halbieren und zu zwei gleichgroßen Scheiben ausrollen.
- Eine Teigscheibe mit der Füllung belegen, dabei einen etwa 1 cm breiten Rand lassen. Mit der zweiten Teigscheibe belegen und die Ränder fest zusammendrücken.
- Die Teigoberfläche mit dem geschlagenen Ei bepinseln. In den Ofen schieben und 30 Minuten backen.

Variante

Den Thunfisch durch in Öl eingelegte Sardinen ersetzen
(die Ölmenge für den Teig entsprechend reduzieren).

Kantabrien erzeugt die meisten Milchprodukte Spaniens. Ein Großteil der Milch wird sofort zu Sahne, Butter oder Frischkäse verarbeitet und in ganz Spanien verkauft. Die Spanier haben den höchsten Pro-Kopf-Verbrauch an Milch in Europa, noch vor Deutschland, Frankreich und Italien.

ARROZ CON LECHE
(Milchreis)

FÜR 4 PERSONEN
ZUBEREITUNGSZEIT: 15 MINUTEN
GARZEIT: 20 MINUTEN

1 Vanilleschote (oder ½ TL Vanille-
   pulver)
500 ml Milch
50 g brauner Zucker
geriebene Schale von ½ Orange
1 Zimtstange
100 g Rundkornreis
3 Eigelb
200 ml Crème fraîche
Einige Prisen Zimtpulver
   zum Garnieren

- Die Vanilleschote der Länge nach halbieren und die Samen mit der Klinge eines Messers zerdrücken.
- Die Milch in einer Kasserolle mit 1 Esslöffel Zucker, Orangenschale, Zimtstange, Vanillesamen und Vanilleschote erhitzen. Sobald die Milch kocht, die Zimtstange und die Vanilleschote entfernen. Den restlichen Zucker und den Reis zugeben. Kräftig rühren, bis der Zucker gelöst ist. Bei schwacher Hitze 20 Minuten kochen, bis der Reis gar ist.
- Den Topf vom Herd nehmen. Nacheinander die drei Eidotter und die Crème fraîche unterrühren.
- Den Milchreis auf 4 Dessertschälchen verteilen und mit etwas Zimtpulver bestreuen.

Varianten

MIT GELBEN FRÜCHTEN
Nach dem Eigelb und der Crème fraîche einige Pfirsich-, Nektarinen- oder Aprikosenwürfel zugeben.

MIT HERBSTLICHEN FRÜCHTEN
Einige Apfelwürfel und gehackte sowie leicht geröstete Mandeln oder Nüsse zufügen.

MIT FEIGEN
Einige Feigenwürfel, frisch oder getrocknet, unterrühren.

VON PAMPLONA BIS SARAGOSSA

NAVARRA, LA RIOJA UND ARAGONIEN

In diesen drei Regionen finden sich alle spanischen Landschaftsformen wieder: die hohen Berge des Nationalparks Ordesa in Aragonien, die fruchtbaren Täler des Ebro, die Halbwüsten der Bardenas Reales in Navarra, die sandigen Böden der Rioja.
Die Küche dieser Regionen hat den Ruf, schlicht zu sein. Sie basiert auf Fleisch (vor allem Schinken und Hammel), Süßwasserfischen und den Gemüsesorten, die an den Ufern des Ebro oder in der Ribera de Navarra gedeihen. Doch in Wahrheit ist sie nicht so schlicht, wie es scheint. Im Gegenteil: Oft zeigt sie sich höchst raffiniert.

Dieses Kartoffelgericht, dem die Chorizo eine pikante Schärfe verleiht, wird in fast allen spanischen Tapas-Bars angeboten. Es ist ein simples, aber sehr delikates Gericht, das man mit einem der zahlreichen Weine der Rioja Alta *genießen sollte, jenen kräftigen und harmonischen Rotweinen aus der Rebsorte* Tempranillo. *Wenn Sie Weißweine bevorzugen, wählen Sie die Rebsorte* Viura *oder* Macabéo.

PATATAS A LA RIOJANA
(Kartoffeln mit Chorizo)

FÜR 4 PERSONEN
ZUBEREITUNGSZEIT: 20 MINUTEN
GARZEIT: 30 MINUTEN

800 g Kartoffeln
2 rote Paprika
250 g Chorizo
4 Knoblauchzehen
1 große weiße Zwiebel
1 EL Olivenöl
1 Prise scharfes Paprikapulver
200 ml Weißwein

- Die Kartoffeln schälen und in mundgerechte Würfel schneiden. Die Würfel in einer Schüssel mit kaltem Wasser waschen und mit einem sauberen Tuch abtrocknen.
- Die Paprika waschen und fein würfeln.
- Die Chorizo erst in Scheiben, dann in Würfel schneiden.
- Knoblauch und Zwiebel schälen und hacken.
- Knoblauch und Zwiebel mit dem Olivenöl in einer Pfanne bei schwacher Hitze 2 Minuten dünsten. Das Paprikapulver unterrühren und weitere 2 bis 3 Minuten dünsten, bis das Gewürz sein Aroma entfaltet.
- Mit Wein ablöschen, dann Paprika, Kartoffeln und Chorizo unterrühren. 250 ml Wasser zugießen und 30 Minuten bei schwacher Hitze köcheln.

Variante

Mit Porree oder Karotten: In Scheiben geschnittenen Porree oder gewürfelte Karotten mit den Paprikaschoten zufügen.

Die Herkunft dieses Rezeptes ist unklar, da es in verschiedenen Regionen Spaniens zu finden ist. (Aragonien, Navarra, Cuenca). Es ist ein Gericht mit Stockfisch, sehr viel Knoblauch und Gemüse. Der Name leitet sich zum einem aus der Qualität des Knoblauchs her: arriero (alt). Zum anderen ist auch die Tätigkeit der Arrieros gemeint, die mithilfe von Eseln Lebensmittel von einer Region in die andere transportierten und das Gericht jeweils mit dem Gemüse anreicherten, das sie auf ihrem Weg fanden.

BACALAO AL AJO ARRIERO
(Stockfisch mit Knoblauch und Tomaten)

FÜR 4 PERSONEN
ZUBEREITUNGSZEIT: 30 MINUTEN
GARZEIT: 20 MINUTEN

3 rote Paprika

3 reife Tomaten

1 weiße Zwiebel

4 Knoblauchzehen

250 g Kartoffeln, in Salzwasser
  gekocht

1 grüne Paprika

400 g Stockfisch, gekocht

2 EL Olivenöl

1 große Prise mildes Paprikapulver

- Die roten Paprika waschen und 20 Minuten unter dem Backofengrill rösten. Dabei regelmäßig wenden, damit sie von allen Seiten gegrillt werden. In eine Schüssel geben, abdecken und abkühlen lassen. Dann die Haut abziehen, die Samen entfernen und das Fruchtfleisch in feine Streifen schneiden.
- Die Tomaten 15 Sekunden in kochendem Wasser blanchieren, abgießen, die Haut abziehen und würfeln.
- Zwiebel und Knoblauch schälen und hacken.
- Die Kartoffeln pellen, waschen und fein würfeln. Die grüne Paprika ebenfalls würfeln.
- Den gekochten Stockfisch zerkrümeln.
- In einer Pfanne das Olivenöl bei mittlerer Hitze erwärmen, Knoblauch und Zwiebel zugeben und glasig dünsten. Die grünen Paprikawürfel unterrühren und 5 Minuten bei starker Hitze braten.
- Tomatenwürfel, rote Paprikawürfel und Paprikapulver zugeben und alles gut vermischen. Die Hitze reduzieren und Kartoffeln und Stockfisch unterrühren. Weitere 10 Minuten bei schwacher Hitze köcheln.
- Warm servieren.

Varianten

ALS TAPAS
Auf getoasteten Brotscheiben servieren.

MIT KRABBEN
Einige Krabben oder Garnelen mit dem Stockfisch zugeben.

Fast alle Tapas-Bars in Spanien bieten gefüllte Piquillo-Paprika an. Und jede von ihnen nimmt für sich in Anspruch, über das beste Rezept zu verfügen. Piquillo-Paprika mit Stockfisch sind ein solch klassisches Rezept, dass man sie auch schon fertig in der Dose kaufen kann. Doch hausgemacht schmecken sie natürlich viel besser.

PIMIENTOS DEL PIQUILLO RELLENOS
(Piquillo-Paprika gefüllt mit Stockfisch)

FÜR 4 PERSONEN
ZUBEREITUNGSZEIT: 20 MINUTEN
GARZEIT: 20 MINUTEN

1 Kartoffel
200 g Stockfisch, gekocht
1 Prise Paprikapulver
1 Glas *Piquillo*-Paprika (425 g)
1 Spritzer Olivenöl für die Backform
2 Knoblauchzehen
200 ml Tomatensauce, nicht scharf

- Die Kartoffel mit Schale in einem Topf mit kochendem Salzwasser etwa 10 bis 15 Minuten kochen. Unter kaltem Wasser abschrecken, pellen und in einer Schüssel zu Püree zerstampfen.
- Den Backofen auf 150 °C vorheizen.
- Die Haut vom Stockfisch abziehen und den Fisch mit der Gabel zerdrücken. Mit dem Kartoffelbrei vermengen und Paprikapulver unterrühren.
- Die *Piquillo*-Paprika vorsichtig mit der Kartoffel-Fisch-Mischung füllen.
- Die gefüllten Paprika in eine leicht geölte Auflaufform geben. Mit der Tomatensauce übergießen und die ganzen Knoblauchzehen zufügen.
- In den Ofen geben und 20 Minuten schmoren.

Varianten

MIT BÉCHAMEL
Die Tomatensauce durch Béchamelsauce ersetzen; die *Piquillos* nach dem Schmoren im Ofen für einige Minuten unter dem Grill überbacken.

MIT SARDINEN
Den Stockfisch durch in Öl eingelegte Sardinen ersetzen, gut abgießen und entgräten.

MIT SARDELLEN
Den Stockfisch durch Sardellen ersetzen und zusätzlich ½ Kartoffel zugeben.

Laut Ernest Hemingway sind die Forellen aus Navarra die besten der Welt. Er erzählt, dass er selbst in der Gegend von Burguete ein riesiges Exemplar geangelt habe. Ob Wahrheit oder Anglerlatein, sei dahingestellt. Jedenfalls war der Schriftsteller ein großer Verehrer der Feste in Pamplona und Navarra und ein Fan der Stierkämpfe. Er liebte das Stiertreiben durch die Straßen von San Férmin.

TRUCHE DE NAVARRA
(Forelle mit Serrano und Spargel)

FÜR 4 PERSONEN
ZUBEREITUNGSZEIT: 15 MINUTEN
GARZEIT: 10 MINUTEN

4 Regenbogenforellen
10 große Scheiben Serrano-Schinken
2 EL Mehl
24 weiße Spargelstangen aus Navarra
2 EL Olivenöl
40 g Butter
1 EL frisch gehackte Petersilie
Zahnstocher

- Die Forellen ausnehmen und waschen.
- 2 Scheiben Schinken in Streifen schneiden und in das Innere der Forellen legen. Mit etwas Mehl bestäuben.
- Jede Forelle mit 2 Scheiben Schinken umwickeln und den Schinken mit Zahnstochern befestigen.
- Spargel schälen und waschen.
- Olivenöl und Butter auf einem Plancha-Grill erhitzen. Die Forellen zugeben und 5 Minuten von jeder Seite braten. Die Spargelstangen zeitgleich um die Forellen legen und 10 Minuten unter regelmäßigem Wenden braten.
- Mit gehackter Petersilie bestreuen und sofort servieren.

Variante

Ersetzen Sie den weißen Spargel durch grünen, der im Geschmack etwas intensiver ist.

Albondigas sind Frikadellen aus Fleisch oder Fisch. In Andalusien bezeichnet man sie auch als Almondigas *oder* Almondiguillas.

ALBONDIGAS EN SALSA
(Frikadellen in Sauce)

FÜR 4 PERSONEN
ZUBEREITUNGSZEIT: 30 MINUTEN
GARZEIT: 25 MINUTEN

200 g frische Erbsen
1 Zwiebel
1 Knoblauchzehe
400 g Rinderhackfleisch
200 g frische Bratwurst, enthäutet
1 Ei
3 EL frisch gehackte Petersilie
1 EL scharfes Paprikapulver
Salz, Pfeffer aus der Mühle
3 EL Olivenöl
1 EL Mehl
200 ml Rinderbrühe

- Die Erbsen 10 Minuten in einem Topf mit kochendem Salzwasser garen. Abgießen und unter kaltem Wasser abschrecken. Beiseitestellen.
- Zwiebel und Knoblauch schälen, grob hacken und in einen Mixer geben. Hackfleisch, Bratwurstfleisch, Ei, 2 Esslöffel gehackte Petersilie, Paprikapulver und 1 Prise Salz zugeben. Alles zu einer weichen Masse mixen.
- Mit den Händen aus der Masse etwa nussgroße Frikadellen formen.
- Das Öl in einer Pfanne erhitzen und die Frikadellen bei schwacher Hitze etwa 5 Minuten braten. Sie dürfen nicht zu trocken werden. Die Frikadellen aus der Pfanne heben und auf einem Teller beiseitestellen.
- Den Bratensaft in der Pfanne lassen. Das Mehl zugeben und bei schwacher Hitze unter kräftigem Rühren anbraten. Nach und nach unter Rühren die Rinderbrühe zugießen und zu einer Sauce andicken lassen. Mit Salz und Pfeffer abschmecken und die Frikadellen in die Sauce geben.
- Die Sauce mit den Erbsen auf Servierschalen verteilen. Jeweils einige Frikadellen zugeben und mit der restlichen Petersilie bestreuen. Sofort servieren.

Variante

ALBONDIGAS EN SALSA DE TOMATE
(Frikadellen mit Tomatensauce)

Vor den Erbsen etwas Tomatenmark in die Pfanne geben und einige Minuten in der Sauce mitkochen. Wenn die Sauce zu sauer wird, 2 Teelöffel Zucker unterrühren.

Dieses Rezept ist einem großen spanischen Klassiker nachempfunden, dem Perlhuhn mit Mandeln – ein wahrer Leckerbissen der Jäger in Aragonien. Uns nicht ganz so verwöhnten Kostgängern schmeckt auch dieses Mandelhuhn gar nicht schlecht, doch Sie sollten schon darauf achten, dass Sie ein Huhn aus Freilandhaltung wählen.

GALLINA EN PEPITORIA
(Huhn mit Wein und Mandeln)

FÜR 4 PERSONEN
ZUBEREITUNGSZEIT: 30 MINUTEN
GARZEIT: 30 MINUTEN

1 große Zwiebel
100 g Serrano-Schinken
100 ml Olivenöl
1 Huhn, etwa 1,5 kg, zerteilt
100 ml trockener Weißwein
200 ml Hühnerbrühe
1 Zweig Thymian
1 Lorbeerblatt
2 EL ganze Mandeln, geschält

Für die *Picada*:
50 g gemahlene Mandeln
1 Eigelb
2 Eigelb, hartgekocht
2 Knoblauchzehen, gehackt
1 Prise Zimtpulver
4 oder 5 Safranfäden
1 EL frisch gehackte Petersilie

- Die Zwiebel schälen und hacken. Den Schinken in Streifen schneiden.
- Das Öl in einem Schmortopf erhitzen und die Hühnerteile zugeben. Bei mittlerer Hitze von allen Seiten anbraten, bis sie eine goldene Farbe angenommen haben. Die Zwiebel zugeben und bei schwacher Hitze glasig dünsten. Den Schinken unterrühren. Mit Weißwein ablöschen, dann Hühnerbrühe, Lorbeerblatt, Thymian und Mandeln zugeben. Den Deckel auflegen und 30 Minuten bei schwacher Hitze schmoren.
- In der Zwischenzeit die *Picada* zubereiten: In einem Mörser gemahlene Mandeln, Eigelb (roh und gekocht), Knoblauch, Zimtpulver, Safran und Petersilie zerstoßen, bis eine homogene Masse entsteht.
- Sobald das Huhn gar ist, etwas Bratensauce entnehmen und mit der *Picada* verrühren. Alles zusammen in den Schmortopf geben und rühren, bis die Sauce etwas angedickt ist. Sofort servieren.

Variante

PERDIZ EN PEPITORIA
Bereiten Sie dieses Rezept mit zwei Perlhühnern zu (die Kochzeit etwas reduzieren).

Dies ist eine Spezialität der Region um La Rioja, wo sowohl der Wein als auch die Pfirsiche angebaut werden. Für dieses Rezept sollten Sie einen Wein aus der Rioja Baja *verwenden, der einen sehr starken Alkoholgehalt hat.*

MELOCOTONES DE LA RIOJA
(Pfirsiche aus der Rioja)

FÜR 4 PERSONEN
ZUBEREITUNGSZEIT: 10 MINUTEN
RUHEZEIT: 1 STUNDE
GARZEIT: 30 MINUTEN

1 unbehandelte Zitrone
1 l Rotwein (Rioja)
125 g Zucker
1 Zimtstange
2 Gewürznelken
4 Pfirsiche

- Die Zitrone waschen und die Schale reiben.
- Den Wein in eine Schüssel gießen. Zucker, Zimtstange, Gewürznelken und Zitronenschale zufügen. Alles gut verrühren. Mit Folie abdecken und 1 Stunde im Kühlschrank ruhen lassen.
- Die Pfirsiche schälen. In einen Topf geben und mit dem gewürzten Wein übergießen. Etwa 30 Minuten bei sehr schwacher Hitze köcheln.
- Die Pfirsiche mit einem Schaumlöffel aus dem Topf heben und auf 4 Servierschalen verteilen. Mit etwas Wein übergießen und warm oder kalt servieren.

Variante

Ersetzen Sie die Pfirsiche außerhalb der Pfirsichsaison mit festen Birnen der Sorte Williams.

BARCELONA & VALENCIA

Katalonien beansprucht seine Unabhängigkeit innerhalb der Europäischen Union und betont seine Andersartigkeit, indem hier eher Katalanisch gesprochen wird und nicht die kastilische Amtssprache. Doch nicht nur hier versucht man, sich seine Eigenständigkeit zu bewahren: Im Süden Valencias spricht man Valenciano, eine kastilische Variante mit italienischen Einflüssen.

Katalonien und die Region um Valencia sind Grenzgebiete, die über Jahrhunderte unter dem Einfluss von Emigranten und Reisenden aus Italien, Frankreich und Andalusien standen. In ihre Küche sind die verschiedensten Aromen und Geschmäcker eingeflossen. Heute entdecken wir in ihren Gerichten die Aromen der Hinterlandebenen, der warmen Küsten des Mittelmeeres und der Gebirgsregionen der Pyrenäen.

Das katalanische Tomatenbrot hat ganz Spanien erobert und ist längst zu einem beliebten Imbiss für alle geworden. Seine Grundlage ist ein großes Bauernbrot, in dünne Scheiben geschnitten und geröstet. Oberste Priorität hat auch die Wahl der Tomaten: sehr rot, sehr fleischig und sehr saftig. In der Mitte durchgeschnitten, werden sie auf das geröstete Brot gerieben. In Katalonien entstanden die ersten Tomatensorten, die speziell für dieses Gericht gezüchtet wurden.

PA AMB TOMAQUÈT
(Tomatenbrot mit Knoblauch)

FÜR 4 PERSONEN
ZUBEREITUNGSZEIT: 5 MINUTEN
KEINE GARZEIT

8 Scheiben Bauernbrot
1 Knoblauchzehe, halbiert (optional)
8 sehr reife Tomaten
100 ml Olivenöl
Einige Prisen grobes Meersalz

- Die Brotscheiben vorsichtig rösten oder toasten.
- Das geröstete Brot mit der geschälten und halbierten Knoblauchzehe einreiben.
- Die Tomaten in der Mitte durchschneiden und das Fruchtfleisch auf das Brot reiben. Wenn die Tomaten gut reif sind, lässt sich das gesamte Fruchtfleisch auf das Brot reiben.
- Jedes Brot mit etwas Olivenöl beträufeln und mit Salz bestreuen.

Verschiedene Beilagen zum Tomatenbrot:
- Serrano-Schinken
- *Escalivada*: gemischtes gegrilltes Gemüse (siehe Rezept unten).
- *Fuet*: kleine, in Barcelona typische Würstchen mit Nussaroma.
- Sardellen in Öl.

Beilagen

ESCALIVADA
(Gegrilltes Gemüse)

FÜR 4 PERSONEN
ZUBEREITUNGSZEIT: 20 MINUTEN
GARZEIT: 45 MINUTEN

1 rote Paprika
1 grüne Paprika
1 gelbe Paprika
3 Tomaten
2 weiße Zwiebeln
1 Aubergine
Olivenöl
Meersalz

- Den Backofen auf 180 °C vorheizen.
- Das Gemüse waschen und auf ein Backblech legen. 45 Minuten im Ofen braten, dabei von Zeit zu Zeit wenden.
- Die Paprika einige Minuten in eine Plastiktüte geben und diese verschließen. Der entstehende Dampf löst die Haut, die sich dann ganz einfach abziehen lässt.
- Tomaten und Zwiebeln schälen.
- Alle Gemüse und die Zwiebeln in dicke Streifen schneiden.
- Vollständig abkühlen lassen, mit Olivenöl beträufeln und mit Salz bestreuen.

Diese Zubereitung mit Knoblauch und Chili findet sich in vielen spanischen Gerichten. Am bekanntesten sind sicherlich Krabben mit Knoblauch.

GAMBAS AL AJILLO
(Gebratene Krabben mit Knoblauch)

FÜR 4 PERSONEN
ZUBEREITUNGSZEIT: 10 MINUTEN
GARZEIT: 2 BIS 3 MINUTEN

4 bis 6 Knoblauchzehen
50 ml Olivenöl
1 nussgroßes Stück Butter
750 g große Krabben, gekocht und
  ohne Schwanz
Saft von ½ Zitrone
1 TL Paprikapulver
½ TL rote Chili, fein gehackt
Salz, Pfeffer aus der Mühle
4 EL frisch gehackte Petersilie

- Den Knoblauch schälen und hacken.
- Öl und Butter in einer großen Kasserolle erhitzen und die Krabben mit Knoblauch 2 bis 3 Minuten bei starker Hitze braten. Zitronensaft, Paprikapulver und Chili zugeben. Salzen, pfeffern und alles gut vermischen.
- Die Krabbenzubereitung auf 4 Servierschälchen verteilen und mit Petersilie bestreuen. Sofort servieren.

Variante

Servieren Sie zu den Krabben mit Knoblauch eine *Samfaina*: ein Ratatouille aus delikatem Gemüse (Zubereitungszeit ungefähr 1 Stunde).

Im Gegensatz zum allgemeinen Glauben ist die Paella nicht das bekannte Reisgericht, sondern der Behälter, in dem sie gekocht wird: eine Aluminiumpfanne mit zwei symmetrischen Griffen. Es gibt sie in verschiedenen Größen, von 10 cm Durchmesser für eine Person bis hin zu 2 m für die traditionellen Férias. Eine Paella muss sich einkochen, dazu braucht es Zeit: Sie wird mit Olivenöl gepflegt und darf nicht zu oft gespült werden. Im besten Fall wird sie nur mit Küchenpapier abgewischt. Dann ist sie startbereit, um auf kleiner Pfanne das bekannteste katalanische Gericht zu braten.

ARROZ EN PAELLA
(Paella)

FÜR 4 PERSONEN
ZUBEREITUNGSZEIT: 30 MINUTEN
GARZEIT: 30 MINUTEN

12 große Muscheln
150 g Tintenfisch
2 Knoblauchzehen
1 Zwiebel
1 Paprika
3 Tomaten
Einige Petersilienzweige
2 EL Olivenöl
4 große Garnelen
4 kleine Garnelen
Salz, Pfeffer aus der Mühle
1 g Safranpulver
1 TL getrocknetes Fischkonzentrat
400 g Langkornreis
Einige Zitronenviertel

- Die Muscheln putzen. Den Tintenfisch waschen und in Ringe schneiden. Knoblauch und Zwiebel schälen und fein hacken. Die Paprika waschen und fein würfeln. Die Tomaten 15 Sekunden in kochendem Wasser blanchieren, abgießen, pellen und würfeln. Die Petersilie waschen und hacken.
- 1 Esslöffel Olivenöl in einer Paella-Pfanne bei mittlerer Hitze erwärmen. Garnelen und Muscheln zugeben und braten, bis die Muscheln sich öffnen. Krustentiere und Muscheln aus der Pfanne nehmen und warm stellen.
- Das restliche Öl in die Pfanne geben und Zwiebel und Paprika bei mittlerer Hitze dünsten. Tintenfisch und Tomaten, dann Knoblauch und Petersilie unterrühren. Weitere 5 Minuten kochen, bis die Flüssigkeit vollständig verdampft ist.
- Mit Salz und Pfeffer abschmecken, Safranpulver und Fischkonzentrat unterrühren. 1 l Wasser zugießen und aufkochen. Den Reis einstreuen. Muscheln und Garnelen sternförmig auf dem Reis verteilen. 15 bis 20 Minuten bei mittlerer Hitze kochen.
- Die Paella mit Zitronenvierteln garnieren und warm servieren.

Variante

PAELLA VALENCIANA
Nachdem der Reis in der Pfanne ist, kommen noch ¼ Hühnchen, ¼ Kaninchen, 250 g blanchierte Bohnen und 150 g Erbsen hinzu. (Fleisch, Bohnen und Erbsen werden zuvor mit den Muscheln und Garnelen in der Pfanne angebraten.)

Die Fischsuppe ist eine Institution in Spanien. Doch das, was eine klassische Fischsuppe von einer katalanischen Suquet *unterscheidet, ist die* Picada, *die am Ende der Kochzeit zugefügt wird und ihr das unvergleichliche Aroma, die Konsistenz und Sämigkeit verleiht. Die* Picada, *auf katalanisch* Picar, *ist typisch für die katalanische Küche: Verschiedene Zutaten werden im Mörser zerstoßen (Knoblauch, Pinienkerne, Mandeln, Nüsse), mit Olivenöl oder Zitronensaft gebunden und dann Saucen oder Suppen zugegeben.*

SUQUET DE PEIX
(Fischsuppe mit Schalentieren)

FÜR 4 PERSONEN
ZUBEREITUNGSZEIT: 20 MINUTEN
GARZEIT: 30 MINUTEN

1 Zwiebel
2 große reife Tomaten
2 Kartoffeln
200 g Seeteufel
200 g Dorade
150 g Tintenfisch
200 g große Muscheln
200 ml Fischfond
200 ml Weißwein

Für die *Picada*:
2 Knoblauchzehen
1 Scheibe geröstetes Brot
200 ml Olivenöl
50 g geschälte Mandeln,
geröstet und gehackt
1 EL frisch gehackte Petersilie
Einige Safranfäden

- Zubereitung der *Picada*: Den Knoblauch schälen und hacken. Das Brot zerkrümeln. Das Olivenöl in einem Schmortopf erhitzen, Knoblauch, Mandeln, Brotkrümel, Petersilie und Safran zugeben und 5 Minuten bei mittlerer Hitze braten. Die Zutaten mit einem Schaumlöffel herausheben und im Mörser gründlich zerstoßen oder mixen. Beiseitestellen.
- Die Zwiebel schälen und fein hacken. Die Tomaten pellen und das Fruchtfleisch grob hacken. Die Kartoffeln schälen, waschen und in 0,5 cm dicke Scheiben schneiden.
- Die Fische grob würfeln. Den Tintenfisch waschen und ebenfalls in Würfel und Ringe schneiden.
- Die Muscheln putzen und die Schalen entfernen.
- Die Zwiebel im Schmortopf bei mittlerer Hitze glasig dünsten, dann Tomaten, Fischfond und Weißwein zugeben. Ein wenig dieser Flüssigkeit mit der *Picada* verrühren und diese dann in die Pfanne geben.
- Die Kartoffeln zugeben und 15 Minuten kochen. Fischwürfel und Tintenfisch zugeben und weitere 10 Minuten kochen. Als Letztes die Muscheln unterrühren und noch einmal 5 Minuten kochen. Alles gut verrühren und sofort servieren.

Variante

Die Mandeln in der *Picada* durch Pinienkerne und die Petersilie durch gehackten Basilikum ersetzen. Diese Sauce können Sie auch für Reisgerichte verwenden.

Tintenfisch ist der Königsfisch Kataloniens. Er ist Bestandteil des Arroz oder der Fisch-Suquet, man genießt ihn gegrillt al ajillo oder in Tomatensauce. Doch das erstaunlichste Rezept ist der Tintenfisch in einer vollkommen schwarzen Sauce.

CALAMARES NEGRO
(Tintenfisch in seiner Tinte)

FÜR 4 PERSONEN
ZUBEREITUNGSZEIT: 20 MINUTEN
GARZEIT: 30 MINUTEN

650 g Tintenfisch
1 Zwiebel
2 Knoblauchzehen
1 reife Tomate
2 EL Olivenöl
50 g in Öl gebratene Croûtons
1 Päckchen oder 5 g Tinte vom Tintenfisch
   (bei Ihrem Fischhändler)
Salz, Pfeffer aus der Mühle
200 ml trockener Weißwein
1,5 l Fischfond
2 EL frisch gehackte Petersilie

- Den Tintenfisch waschen und in mundgerechte Stücke schneiden.
- Zwiebel und 1 Knoblauchzehe schälen und hacken. Die Tomate blanchieren, pellen und würfeln.
- Das Olivenöl in einem Topf bei mittlerer Hitze erwärmen. Gehackten Knoblauch und Zwiebel zugeben und leicht anbräunen. Die Tomatenwürfel zugeben und 3 bis 4 Minuten köcheln. Den Tintenfisch zugeben und 5 Minuten bei starker Hitze mitkochen. Den Herd ausschalten.
- Die restliche Knoblauchzehe schälen und in einem Mörser mit den Croûtons zerstoßen. Die Mischung in eine Schüssel geben und Tintenfischtinte, Salz, Pfeffer, Weißwein und Fischfond zugeben und alles gut verrühren. Die Mischung in den Topf gießen und ungefähr 20 Minuten bei schwacher Hitze köcheln. (Wenn die Sauce zu flüssig ist, etwas Saucenbinder mit Wasser verrühren, zugeben und weitere 5 Minuten kochen.)
- Tintenfisch und Sauce auf 4 Schalen verteilen und mit Petersilie bestreuen. Gekochten Reis dazu servieren.

Variante

ARROZ NEGRO
(Schwarzer Reis)

Das Rezept wie angegeben beginnen. Nach dem Tintenfisch 200 g Rundkornreis zugeben und unterrühren. Die Croûtons und die zweite Knoblauchzehe zerdrücken und mit Tintenfischtinte, Weißwein und Fischfond in den Topf geben. Salzen, pfeffern und bei mittlerer Hitze kochen, bis der Reis die gesamte Flüssigkeit aufgenommen hat und gar ist.

Es ist die Zitrusfrucht, die die katalanische Creme von der französischen Crème brûlée unterscheidet. Denn in eine katalanische Creme gehört fein geriebene Zitronen- oder Orangenschale. Und genau das macht das Aroma aus!

CREMA CATALANA
(Katalanische Creme)

FÜR 4 PERSONEN
ZUBEREITUNGSZEIT: 20 MINUTEN
GARZEIT: 10 MINUTEN

500 ml Milch

1 Zimtstange

geriebene Schale von ½ Zitrone

1 Prise geriebene Muskatnuss

1 EL Maisstärke

4 Eigelb

200 g Zucker

- In einer Kasserolle die Milch mit Zimtstange, Zitronenschale und Muskatnuss aufkochen. Den Topf vom Herd nehmen und die Maisstärke unterrühren.
- In einer Schüssel Eigelb und 150 g Zucker schaumig schlagen. Nach und nach die warme Milch zugießen und sorgfältig verrühren.
- Die Mischung durch ein Sieb in eine Kasserolle gießen. Bei schwacher Hitze unter Rühren erwärmen, bis die Creme andickt (sie darf nicht kochen).
- Die Creme auf Servierschälchen verteilen und kalt stellen.
- Die Cremeschälchen vor dem Servieren mit dem restlichen Zucker bestreuen und 3 bis 4 Minuten unter den vorgeheizten Grill schieben, bis die Oberfläche karamellisiert und knusprig ist. Sie können dazu auch einen speziellen Brenner verwenden.

ANDALUSIEN & DER SÜDEN

Andalusien, die Estremadura und Murcia sind drei Regionen, die in Bezug auf ihre Trockenheit und ihr Klima einander ähneln. Doch wenn man genau hinsieht, hat jede der drei ihren eigenen Charakter: In der Estremadura erstrecken sich immense Eichenwälder, in denen die Schweine, die der Produktion des Iberischen Schinkens dienen, ihr Leben genießen. Für die Region um Murcia sind die großen Felder an den Ufern des Ebro charakteristisch, auf denen Kapern, Artischocken und Reis angebaut werden. Am meisten jedoch unterscheidet sich Andalusien mit seiner maurischen Architektur und seiner kulinarischen Tradition, die Süßes und Pikantes nach maurischer Art miteinander kombiniert.

Dies ist ein sehr einfaches, aber ausgesprochen schmackhaftes Gericht, das das Salzige des Specks, die Süße der Datteln und die Schärfe der Chorizo miteinander vereint. Doch Vorsicht! Es besteht die Gefahr, dass Sie alle Datteln selbst naschen, bevor Sie sie mit Ihren Freunden teilen können.

DÁTILES RELLENOS DE CHORIZO
(Datteln in Chorizo)

FÜR 12 DATTELN
ZUBEREITUNGSZEIT: 25 MINUTEN
GARZEIT: 10 MINUTEN

50 g Chorizo
6 dünne Scheiben geräucherter Speck
12 frische Datteln, entkernt
1 Ei
2 EL Mehl
4 EL Paniermehl
2 EL Öl

- Die Chorizo in 2 cm dicke Scheiben schneiden und jede Scheibe halbieren. Die Speckscheiben ebenfalls halbieren.
- Jede Dattel erst mit ½ Chorizo-Scheibe, dann mit ½ Scheibe Speck umwickeln.
- Das Ei in einem tiefen Teller verquirlen. Das Mehl in einen zweiten Teller geben und das Paniermehl in einen dritten.
- Alle umwickelten Datteln erst im Mehl, dann im Ei und schließlich im Paniermehl wenden.
- Das Öl in einer Pfanne erhitzen und die Datteln unter regelmäßigem Wenden 8 bis 10 Minuten frittieren, bis die Panade goldbraun ist.

Variante

Bereiten Sie dieses Rezept auch einmal mit Pflaumen zu.

Nichts ist einfacher als die Zubereitung eines Gazpachos: schöne Tomaten, verwöhnt von der Sonne Andalusiens, gutes Olivenöl – am besten regionales Öl aus Andalusien – ausreichend fruchtig und verfeinert, und natürlich ein gutes Bauernbrot. Es ist tatsächlich das Brot, das dieser kalten Suppe Nahrhaftigkeit verleiht. Das Wort Gazpacho stammt von dem arabischen Begriff caspa ab, der mit „Bissen" übersetzt werden kann. Gemeint ist in Tomaten getunktes Brot. Die spanischen Brotsuppen stammen aus der Antike, doch wurden sie in der Neuen Welt wiederentdeckt und kehrten mit den Schiffen, beladen mit wunderbaren Tomaten, zurück. So wurde das Gazpacho geboren.

GAZPACHO

FÜR 4 PERSONEN
ZUBEREITUNGSZEIT: 20 MINUTEN
KÜHLZEIT: 1 STUNDE
KEINE GARZEIT

500 g altbackenes Bauernbrot, gewürfelt
½ rote Zwiebel
2 Knoblauchzehen
1,5 kg reife fleischige Tomaten
1 Prise Kreuzkümmel
3 EL Xérès-Essig
100 ml Olivenöl
1 kleine Gurke
1 grüne Paprika
1 rote Paprika

- Die Brotwürfel in einen tiefen Teller geben. Mit 100 ml kaltem Wasser übergießen und 10 Minuten einweichen. Das überschüssige Wasser abgießen.
- Zwiebel und Knoblauch schälen.
- Die Tomaten 15 Minuten blanchieren, Samen und Haut entfernen.
- Geschälte Tomaten, Zwiebel, Knoblauch, Brot, Kreuzkümmel und Essig in einen Mixer geben. Den Mixer anschalten und nach und nach das Olivenöl zugießen. Die Mischung 1 Stunde kalt stellen.
- Gurke und Paprikaschoten waschen und fein würfeln.
- Kurz vor dem Servieren die Suppe auf 4 Suppenschalen oder -teller verteilen und mit Gurken- und Paprikawürfeln bestreuen.

Variante

GAZPACHO DE CEREZAS
(Gazpacho aus Kirschen)

Ersetzen Sie 1 kg Tomaten durch 500 g reife Kirschen (entkernt) und 1 große gekochte Zuckerrübe. Lassen Sie die Gurke weg und bestreuen Sie die Suppe mit gehackten Pistazien.

Ajo blanco *(weißer Knoblauch)* ist ein Gazpacho, das vor allem in der Region um Malaga geschätzt wird. Es ist eine gelungene Mischung aus Knoblauch, Mandeln, Olivenöl und Essig. Da es maurischen Ursprungs ist, wird dieses Gericht häufig mit weißen Trauben oder frischen Feigen garniert.

AJO BLANCO
(Kalte Knoblauchsuppe)

FÜR 4 PERSONEN
ZUBEREITUNGSZEIT: 15 MINUTEN
KÜHLZEIT: 1 STUNDE
KEINE GARZEIT

2 Knoblauchzehen
500 g geröstetes Bauernbrot
200 g geschälte Mandeln
1 Prise Salz
3 EL Xérès-Essig
80 ml kaltgepresstes Olivenöl
150 g weiße Trauben

- Den Knoblauch schälen und pressen.
- Brot und Mandeln mit einem Messer grob hacken.
- Knoblauch, Brot und Mandeln in einen Mixer geben. Salz, Essig und 150 ml Wasser zufügen. Alles zu einer glatten Masse mixen und bei laufendem Motor nach und nach das Olivenöl (und falls nötig, noch etwas Wasser) zugießen. Die Mischung 1 Stunde kalt stellen.
- Kurz vor dem Servieren die Suppe in 4 Suppenteller oder -schalen füllen und mit weißen Weintrauben garnieren.

ANDALUSIEN & DER SÜDEN

Und hier kommt ein wunderbar frischer Salat für heiße Sommertage voller Sonne. Er erhält seinen unvergleichlichen Geschmack durch frische Kapern, den wichtigsten Früchten der Region.

ENSALADA MURCIANA
(Salat aus Murcia)

FÜR 4 PERSONEN
ZUBEREITUNGSZEIT: 10 MINUTEN
KEINE GARZEIT

1 grüne Paprika

1 rote Paprika

4 große, reife Tomaten (oder 8 kleine)

2 weiße Zwiebeln

100 g zerkleinerter Thunfisch

100 g frische Kapern

Salz, Pfeffer aus der Mühle

Olivenöl

- Die Paprika für 20 Minuten unter den vorgeheizten Grill des Backofens schieben und regelmäßig wenden, bis die Haut rundum schwarz ist und Blasen wirft. In eine Schüssel geben, abdecken und abkühlen lassen. Dann die Haut abziehen und das Fruchtfleisch in Streifen schneiden.
- Die Tomaten waschen und in Scheiben schneiden.
- Die Zwiebeln schälen und grob hacken.
- Tomatenscheiben, Paprikastreifen, Thunfisch, Zwiebeln und jeweils einige Kapern auf Serviertellern harmonisch anrichten.
- Salzen, pfeffern und mit Olivenöl beträufeln. Kalt servieren.

Variante

Den Thunfisch durch in Öl eingelegten Tintenfisch oder mit Knoblauch gebratene Krabben ersetzen.

Charakteristisch für das Pastel murciano *ist seine Oberfläche aus schneckenförmig gerolltem Blätterteig. Für ein gelungenes Resultat braucht man ein wenig Geduld und etwas Fingerfertigkeit. Schneiden Sie mit einer Schere einen schmalen Riemen aus dem Teig und rollen Sie ihn konzentrisch um sich selbst, bevor Sie ihn auf die Füllung legen.*

PASTEL DE CARNE MURCIANO
(Fleischtorte aus Murcia)

FÜR 6 PERSONEN
ZUBEREITUNGSZEIT: 30 MINUTEN
BACKZEIT: 30 MINUTEN

2 Teigblätter (Blätterteig)

200 g Kalbfleisch, gehackt

150 g Reste eines Kalbsbratens, gehackt

1 Lammhirn

50 g Chorizo

1 Artischockenherz

2 Eier + 1 Eigelb zum Bestreichen

2 Eigelb, hartgekocht

50 g Kapern

Salz, Pfeffer aus der Mühle

1 Prise Zimtpulver

- Den Backofen auf 180 °C vorheizen.
- Eine runde Auflaufform mit 25 cm Durchmesser mit einem Teigblatt auslegen und den Teig über die Ränder der Form hinausragen lassen. Den Teig mit der Gabel einige Male einstechen und die Form in den Kühlschrank stellen.
- Zubereitung der Füllung: In einer Schüssel die zwei gehackten Kalbfleischsorten, das in mundgerechte Stücke geschnittene Lammhirn, die gewürfelte Chorizo, das ebenfalls gewürfelte Artischockenherz, die Kapern, die rohen Eier und die hartgekochten Eidotter gründlich vermengen. Mit Salz, Pfeffer und Zimt abschmecken. Die Masse muss ganz glatt verrührt sein.
- Die Füllung auf dem gekühlten Teigboden verteilen. Die Teigränder sorgfältig um die Füllung legen. (Steht der Teig zu sehr über, mit der Schere abschneiden.) Das zweite Teigblatt auflegen (glatt oder schneckenförmig gerollt) und beide Teigblätter an den Rändern fest zusammendrücken.
- Die Oberfläche mit Eigelb bepinseln. Den Teig mit dem Messer einige Male einstechen, damit der Dampf entweichen kann. 30 Minuten im Ofen backen.

Variante
PASTEL MIT RIND
Ersetzen Sie Kalbfleisch und Lammhirn durch Rinderhackfleisch und das Fleisch einer frischen Bratwurst.

Ein Rezept mit maurischem Einfluss, das mit den köstlichen Weißweintrauben garniert wird, die in der Region um Murcia wachsen.

CORDERO A LA MORUNA
(Lamm auf maurische Art)

FÜR 4 PERSONEN
ZUBEREITUNGSZEIT: 15 MINUTEN
GARZEIT: ETWA 30 MINUTEN

1 weiße Zwiebel

1 Knoblauchzehe

1 TL Zimtpulver

1 TL Kreuzkümmelpulver

100 ml Olivenöl

1 Lammkeule, etwa 1,2 kg

Salz, Pfeffer aus der Mühle

100 ml trockener Weißwein

300 ml Hühnerbrühe

80 g weiße Weintrauben

50 g geschälte Mandeln, geröstet und grob gehackt

- Den Backofen auf 200 °C vorheizen.
- Zwiebel und Knoblauch schälen und hacken.
- Zimt und Kreuzkümmel vermischen.
- 50 ml Olivenöl in eine flache Auflaufform gießen und sorgfältig auf dem Boden der Form verteilen.
- Die Lammkeule von beiden Seiten mit der Würzmischung einreiben und in die Auflaufform legen. Salzen, pfeffern und mit dem restlichen Öl bepinseln. Weißwein und Hühnerbrühe in die Auflaufform gießen.
- Die meisten Trauben, etwas Zwiebel und Knoblauch sowie einige Mandeln auf der Keule verteilen. Den Rest der Zwiebeln, des Knoblauchs, der Trauben und der Mandeln in die Auflaufform geben.
- 30 Minuten im Ofen braten, dabei das Fleisch immer wieder mit dem eigenen Bratensaft übergießen.
- Die Keule in Scheiben schneiden und sofort servieren.

Variante

Ersetzen Sie die Lammkeule durch in Stücke geschnittene Lammschulter (reduzieren Sie die Kochzeit auf 20 Minuten).

Dieses Rezept ist ein Klassiker der Region Jarandilla de la Vera. In diesem fruchtbaren Nordteil der Estremadura gedeihen Feigen im Überfluss, und sie sind die Früchte, die als Beilage zu zahlreichen Fleischgerichten dienen. In diesem Rezept werden frische und rohe Feigen hauchdünn geschnitten und zu einer Tomatensuppe serviert. Man genießt sie wie delikate Croûtons.

SOPA DE TOMATE CON HIGOS
(Tomatensuppe mit Feigen)

FÜR 4 PERSONEN
ZUBEREITUNGSZEIT: 15 MINUTEN
GARZEIT: 40 MINUTEN

1 kg reife Tomaten

1 kleine weiße Zwiebel

4 Knoblauchzehen

50 ml Olivenöl

1 TL Zucker

1 EL frischer Oregano, gehackt
(oder 1 TL getrockneter Oregano)

1 EL Kreuzkümmelsamen

1 TL mildes Paprikapulver

1 Spritzer Weinessig

400 ml Hühnerbrühe

3 große Scheiben Bauernbrot

Salz, Pfeffer aus der Mühle

4 violette Feigen

- Die Tomaten 15 Sekunden in kochendem Wasser blanchieren, abgießen, pellen und grob hacken.
- Zwiebel und Knoblauch schälen und hacken.
- In einem großen Topf das Öl erwärmen. Zwiebel und Knoblauch zugeben und 2 bis 3 Minuten bei mittlerer Hitze dünsten. Die gehackten Tomaten, Zucker, Oregano, die Gewürze und Essig zugeben. Alles gut verrühren und 20 Minuten bei mittlerer Hitze kochen.
- Die erwärmte Hühnerbrühe zugießen, das Brot grob hacken und unterrühren. Den Deckel auflegen und weitere 20 Minuten bei schwacher Hitze kochen.
- Die Suppe im Mixer oder in einer Gemüsemühle passieren. Mit Salz und Pfeffer abschmecken.
- Die Feigen in dünne Scheiben schneiden.
- Die Suppe auf 4 Schalen verteilen und mit den Feigen garnieren.

Variante

Ersetzen Sie die Feigen durch saftige Weißweintrauben, die Sie in Scheiben schneiden oder vierteln.

DIE BALEAREN & DIE KANAREN

*Die spanischen Mittelmeerinseln haben die
Einflüsse der verschiedensten Völker erfahren,
die sie erobert, bereist und wieder verlassen
haben, darunter Griechen, Phönizier, Römer,
Araber und Franzosen. Daher verwundert es nicht,
dass man auf den Balearischen Inseln so isst wie
an keinem anderen Ort in Spanien. Auch die
Kanaren, die exotischsten Inseln in Spanien,
profitieren von ihrer Nähe zu Afrika und warten
mit unerwarteten Aromen auf.*

Die Coca ist eine Art Hefeteig, den man ganz nach eigenem Geschmack und je nach Jahreszeit unterschiedlich belegen kann. Sie ist sozusagen die Pizza Spaniens. Auf den Balearen, vor allem auf Menorca, genießt man sie am liebsten garniert mit Gemüse, aber auch mit der berühmten frischen Bratwurst, der Sobrasada. Zum katalonischen Johannistag wird eine süße Coca gebacken (siehe Rezept auf Seite 130), gefüllt mit Konditorcreme und eingelegten Früchten. Eine Delikatesse!

COCA DE ESPINACS DE BALEARES
(Balearische Coca mit Spinat)

FÜR 6 PERSONEN
ZUBEREITUNGSZEIT: 1 STUNDE
RUHEZEIT: 12 STUNDEN
BACKZEIT: 25 BIS 30 MINUTEN

500 g frischer Spinat
Salz, Pfeffer aus der Mühle
2 Artischocken
4 *Piquillo*-Paprika aus der Dose
3 EL frische passierte Tomaten

Für den Teig:
20 g Hefe
1 Prise Zucker
2 EL fruchtiger Weißwein
4 EL Olivenöl
1 TL Salz
500 g Mehl

- Den Teig am Vortag zubereiten: Die Hefe in einer Schüssel mit Zucker und Wein verrühren. 15 Minuten gehen lassen, dann Olivenöl und Salz zufügen. Das Mehl nach und nach unter Kneten einarbeiten. Eine Kugel formen, mit Klarsichtfolie abdecken und mindestens 12 Stunden im Kühlschrank ruhen lassen.
- Am nächsten Tag den Spinat waschen und 5 Minuten in einem Topf mit kochendem Wasser garen. Gut abgießen. Salzen und pfeffern.
- Den Backofen auf 180 °C vorheizen.
- Die Artischocken waschen, die Blattspitzen abschneiden und den Stängel auf 5 bis 6 cm kürzen. Jede Artischocke vierteln.
- Die *Piquillos* in kleine Würfel schneiden.
- Den Teig auf einem mit Alufolie bedeckten Backblech ausrollen und mit den passierten Tomaten bestreichen. Mit den Paprikawürfeln bestreuen. Mit dem Spinat bedecken und die Artischockenviertel darauf verteilen.
- 25 bis 30 Minuten im Ofen backen.

variante

COCA A LA SOBRASADA
Den Teig mit passierten Tomaten bestreichen. *Sobrasada* in Scheiben schneiden und darauf verteilen. Backen.

Die Langusten der Balearen werden hoch geschätzt, doch sie werden immer seltener. Wenn Sie die Chance haben, welche zu bekommen, probieren Sie dieses einfache und schnelle Rezept und lassen Sie es sich schmecken.

CALDERETA DE LANGOSTA DE MINORCA
(Langustenragout à la Menorca)

FÜR 4 PERSONEN
ZUBEREITUNGSZEIT: 15 MINUTEN
GARZEIT: 33 MINUTEN

1 große Zwiebel
300 g reife Tomaten
100 ml Olivenöl
200 ml Cognac
2 große Langusten
1 Lorbeerblatt
8 kleine Langusten
1 l Fischfond

Für die *Picada*:
1 Bund glatte Petersilie
2 Knoblauchzehen
8 geschälte Mandeln, geröstet

- Zubereitung der *Picada*: Die Petersilie waschen und hacken. Den Knoblauch schälen und hacken. Die Mandeln hacken. Alles zusammen im Mörser (oder Mixer) zerstoßen. Beiseitestellen.
- Die Zwiebel schälen und grob hacken.
- Die Tomaten 15 Sekunden in kochendem Wasser blanchieren, abgießen, pellen und fein würfeln.
- Das Olivenöl in einem großen Topf erhitzen, die Zwiebel zugeben und bei mittlerer Hitze glasig dünsten. Die Tomaten zufügen und 10 Minuten einkochen. Mit dem Cognac ablöschen.
- Die großen Langusten und das Lorbeerblatt in den Topf geben. Den Fischfond zugießen und 15 Minuten kochen. Die kleinen Langusten zugeben und weitere 3 Minuten kochen.
- Die Picada einrühren und weitere 5 Minuten kochen.
- Die Krustentiere mit einem Schaumlöffel herausheben. Die großen Langusten in der Hälfte durchschneiden und je eine Hälfte mit je 2 kleinen Langusten auf 4 Servierteller legen. Mit der Brühe übergießen. Dazu mit Knoblauch eingeriebenes Brot servieren.

Variante

Krabbenragout
Die Langusten durch Krabben und Garnelen ersetzen.

Dieses simple Rezept ist ein Genuss zum Aperitif. Genießen Sie es mit einem Listan negro, eine der wichtigsten roten Rebsorten in Teneriffa, oder mit einem kanarischen Rum, der dem Rum der Antillen in nichts nachsteht.

PAPAS ARRUGADAS CON MOJO PICÓN
(Pellkartoffeln mit sehr scharfer Tomatensauce)

FÜR 4 PERSONEN
ZUBEREITUNGSZEIT: 5 MINUTEN
GARZEIT: 20 MINUTEN

600 g kleine, neue Kartoffeln
1 EL grobes Meersalz

Für die Sauce *Mojo picón*:
2 rote Chilischoten
2 Knoblauchzehen
1 Prise Kreuzkümmelpulver
1 Prise Salz
200 ml Olivenöl
1 Scheibe altbackenes Toastbrot
  (optional)

- Zubereitung der Sauce: Die Chilis entkernen und den Knoblauch schälen. Beides in einen Mixer geben. Kreuzkümmel und Salz zufügen. Unter ständigem Mixen nach und nach das Olivenöl zugießen. Eventuell etwas Toastbrot zugeben, um die Sauce anzudicken. Kalt stellen.
- Die Kartoffeln waschen und in einen Topf geben. Mit kaltem Wasser bedecken, das Meersalz zufügen und 20 Minuten leise köcheln. Das Wasser abgießen und den Topf wieder auf den Herd stellen.
- Mit einem Küchenspachtel kräftig rühren, bis das restliche Wasser verdampft ist und sich eine feine Salzkruste um die Kartoffeln gebildet hat.
- Mit der *Mojo-picón*-Sauce servieren.

 **Tipp**
Sie können die Sauce mehrere Wochen im Kühlschrank aufbewahren, wenn Sie sie in ein verschließbares Glas füllen und die Oberfläche mit Olivenöl bedecken.

Der Bananenanbau spielt auf den Kanarischen Inseln eine wichtige Rolle. Neben dem Tourismus ist die Kochbanane die größte Einnahmequelle dieser Inseln. Die portugiesischen Seefahrer importierten die Bananenpflanzen erst im 19. Jahrhundert auf die Kanaren, und die Engländer schufen einen groß angelegten Bananenhandel. Doch die Banane verbraucht viel Wasser und Pestizide, und ihr Anbau ist sehr arbeitsintensiv. Daher hat sie ihren Höhepunkt auf den Kanarischen Inseln überschritten. Nach und nach gibt es immer weniger Plantagen.

TORTILLAS
DE PLÁTANOS DE CANARIAS
(Tortillas mit kanarischen Kochbananen)

FÜR 4 PERSONEN
ZUBEREITUNGSZEIT: 10 MINUTEN
GARZEIT: 20 MINUTEN

3 reife Kochbananen
5 Eier
4 EL Rohrzucker
4 gestrichene EL Mehl
1 große Prise Zimt
200 ml Erdnussöl
Honig zum Servieren

- Die Bananen schälen und in dünne Scheiben schneiden.
- Die Eier in einer Schüssel verquirlen. Nach und nach Rohrzucker und Mehl zufügen. Die Bananenscheiben unterrühren und mit Zimt abschmecken.
- Das Öl in einer Pfanne erhitzen. 1 Kelle des Teigs in die Pfanne geben und 5 Minuten zu einer flachen Tortilla braten. Die Tortilla wenden und weitere 5 Minuten braten.
- Auf Küchenpapier abtropfen lassen. Die restlichen Tortillas ebenso braten. Mit etwas Honig servieren.

Variante

Sie können dieses Rezept auch mit klassischen Bananen zubereiten, doch sie werden in der Regel schneller weich als Kochbananen und sind süßer. Nehmen Sie daher für den Teig entsprechend weniger Rohrzucker.

DIE BALEAREN & DIE KANAREN

¡FIESTA!

Die wichtigsten spanischen Feste folgen dem Kalender der spanischen Feiertage: Weihnachten, Dreikönigstag, Karfreitag, die Semana santa (Karwoche) – farbenfroh und voller Traditionen –, Ostern, Allerheiligen. Und jedes Fest hat seine kulinarischen Traditionen: Teilchen, Torten und Plätzchen Am Johannistag (Mittsommer), der mit zahlreichen Feuerwerken gefeiert wird, genießt man einen wunderbar delikaten Kuchen mit eingelegten Früchten.

Am Weihnachtstag versammelt sich die Familie rund um gutes Essen – traditionell ist ein Truthahn dabei, in Galizien gefüllt mit Kastanien, in Asturien mit Äpfeln. Aber auch Lammkeule oder Spanferkel vom Grill mit Artischocken oder Kohl sind sehr beliebt. Zum Dessert gibt es dann Süßes: Nougatriegel (Turrón) mit getrockneten Früchten. In Alicante legen die Kinder am Dreikönigstag diese weihnachtlichen Nougatriegel vor die Tür ihres Hauses, damit sich die Heiligen Drei Könige nach ihrer langen Reise wieder stärken können.

TURRÓN DE NAVIDAD DE ALICANTE
(Weihnachtsriegel aus Alicante)

FÜR 4 PERSONEN
ZUBEREITUNGSZEIT: 30 MINUTEN
GARZEIT: 10 MINUTEN
KÜHLZEIT: 3 STUNDEN

500 g geschälte Mandeln
150 g Zucker
250 ml flüssiger Honig
1 Eiweiß

- Die Mandeln einige Minuten unter dem Grill des Backofens rösten und dabei regelmäßig wenden, damit sie nicht anbrennen.
- In einer Kasserolle bei sehr schwacher Hitze den Zucker in 100 ml Wasser lösen, bis ein heller Sirup entsteht. Die Kasserolle vom Herd nehmen und den Honig sorgfältig einrühren. Wieder auf den Herd geben und bei schwacher Hitze aufkochen, bis der Sirup eindickt und Blasen wirft.
- Das Eiweiß zu Schnee schlagen. Den Sirup zugießen und weiter schlagen, bis eine feste und glänzende Baisermasse entstanden ist. Die Mandeln vorsichtig unterheben.
- Eine etwa 2 cm breite Form mit Alufolie auslegen und die Masse hineingeben. 3 Stunden kalt stellen.
- Den Turrón zum Servieren in kleine Würfel schneiden.

Variante

Die Hälfte der Mandeln durch Pistazien oder geröstete Nüsse ersetzen.

In Spanien erhalten die Kinder ihre Geschenke am 6. Januar von den Heiligen Drei Königen. An den Küsten kommen sie mit dem Boot, im Süden auf dem Rücken der Kamele!
Zu dieser Gelegenheit genießt man diesen Königskranz, in dem sich ein kleiner Edelstein, ein Schmuckstück oder eine kleine Erbse befindet: Wer dieses Stück in seinem Kranz findet, ist der König oder die Königin des Tages.

ROSCÓN DE REYES
(Königskranz)

FÜR 6 PERSONEN
ZUBEREITUNGSZEIT: 30 MINUTEN
RUHEZEIT: 12 STUNDEN
BACKZEIT: 20 MINUTEN

10 g frische Hefe (oder 1 Päckchen getrocknete Hefe)
120 ml lauwarme Milch
250 g Mehl
½ TL Salz
30 g Zucker
1 verquirltes Ei
1 TL Bittermandelextrakt
1 TL Orangenblütenwasser
50 g zerlassene Butter
60 g gewürfelte Butter
4 kandierte Kirschen
1 kandierte Klementine
4 kandierte Engelwurz
1 verquirltes Eigelb zum Bestreichen

- Den Teig am Vortag zubereiten: In einer kleinen Schüssel Hefe und 1 Esslöffel lauwarme Milch verrühren, bis die Hefe aufgelöst ist. 50 g Mehl unterrühren. Diesen Vorteig 20 Minuten bei Zimmertemperatur gehen lassen (das Volumen sollte sich verdoppelt haben).
- Das restliche Mehl in eine zweite Schüssel geben und in der Mitte eine Mulde formen. Salz, Zucker, Ei, Bittermandelextrakt, Orangenblütenwasser, Vorteig, zerlassene Butter und die restliche Milch in die Mulde geben. Nun alles gründlich zu einem glatten Teig kneten. Die gewürfelte Butter zugeben und erneut kneten. Den Teig mit einem Küchentuch abdecken und 1 Stunde 30 Minuten gehen lassen.
- Sobald der Teig ausreichend gegangen ist, noch einmal durchkneten, um die Luftblasen entweichen zu lassen. Für 1 Nacht in den Kühlschrank stellen.
- Am nächsten Tag den Backofen auf 180 °C vorheizen.
- Aus dem Teig eine dicke Rolle formen und zu einem Ring schließen (nicht vergessen, einen Edelstein oder ein Schmuckstück in den Teig zu geben). Den Kranz mit Eigelb bestreichen und mit den kandierten Früchten garnieren.
- Etwa 20 Minuten im Ofen backen!
- Abkühlen lassen und mit einer Königskrone servieren!

Variante

COCA DE SANT JOAN
(Johannistagskuchen)

Denselben Teig zubereiten, dann aber zu einem langen, flachen Kuchen formen. Mit Konditorcreme bestreichen und mit kandierten Früchten bestreuen. 20 Minuten im Ofen backen.

Diese kleinen katalonischen Küchlein mit Pinienkernen serviert man mittlerweile in fast ganz Spanien zu Allerheiligen. In den katalanischen Konditoreien findet man zahlreiche Varianten: mit Pistazien, mit gehackten Mandeln, oval, rund oder sternförmig.

PANELLETS DE TOTS SANTS
(Allerheiligen-Küchlein)

FÜR 12 KÜCHLEIN
ZUBEREITUNGSZEIT: 20 MINUTEN
BACKZEIT: 10 MINUTEN

500 g gemahlene Mandeln
400 g Zucker
½ Päckchen Vanillezucker
1 Ei + 1 Eigelb
Saft von ½ Zitrone
100 g Kartoffelbrei
150 g Pinienkerne

- Den Backofen auf 210 °C vorheizen.
- Gemahlene Mandeln, Zucker und Vanillezucker in einer Schüssel verrühren.
- In einer anderen Schüssel das ganze Ei, den Zitronensaft und den Kartoffelbrei vermischen. Die Mandel-Zucker-Mischung zugeben und alles zu einem glatten Teig verarbeiten.
- Aus dem Teig nussgroße Kugeln formen.
- Die Pinienkerne auf einen Teller geben. Das Eigelb in einem anderen Teller verquirlen. Die Kugeln erst im Eigelb, dann in den Pinienkernen wenden.
- Ein Backblech mit Backpapier auslegen und die Kugeln darauf verteilen. 10 Minuten im Ofen backen, bis die Pinienkerne am Teig festgebacken sind (Sie können die Pinienkerne vorher auch unter dem Grill oder in der Pfanne rösten).

Variante

Ersetzen Sie die Hälfte der Pinienkerne durch geschälte und gehackte Mandeln oder geschälte und gehackte Pistazien.

REGISTER SPANISCH

REGISTER DEUTSCH

ZUTATEN-VERZEICHNIS

Markknochen

Cocido madrileño	40

Muscheln

Alcachofas con almejas	60
Arroz en paella	90
Mejillones en escabeche	30
Mejillones fritos	29
Suquet de peix	92

Orangen

Sangria	24

Paprika

Arroz en paella	90
Empanada gallega	64
Ensalada murciana	106
Escalivada	86
Gambas al ajillo	88
Gazpacho	102
Mejillones en escabeche	30
Patatas à la riojana	70
Pintxos ancois	46
Pisto manchego	36

Petersilie

Albondigas en salsa	78
Alcachofas con almejas	60
Calamares negro	94
Cocido madrileño	40
Empanada gallega	64
Fabada	58
Gambas al ajillo	88
Mejillones en escabeche	30
Pintxos ancois	46
Pintxos de calamares encebollado	48
Pulpo a la gallega	62
Sepia con tomate	30
Sopa de ajo	38
Truche de Navarra	76

Pfirsiche

Melocotones de La Rioja	82

Pinienkerne

Panellets de Tots sants	130

Piquillo-Paprika

Coca de espinacs de Baleares	116
Pimientos del piquillo rellenos	75
Pimientos rellenos de morcilla	29

Reis

Arroz en paella	90
Arroz con leche	66

Rind

Albondigas en salsa	78

Rotwein

Melocotones de la rioja	82
Sangria	24

Sardellen

Pintxos ancois	46

Schokolade

Churros au chocolat	42

Schweinefleisch

Cocido madrileño	40

Serrano

Fabada	58
Gallina en pepitoria	80
Sopa de ajo	38
Truche de Navarra	76

Spargel

Truche de navarra	76

Speck

Cocido madrileño	40
Dátiles rellenos de chorizo	100
Fabada	58

MENGENANGABEN

Abkürzungen

TL	Teelöffel
EL	Esslöffel

Flüssigkeiten

metrisches System	amerikanisches System	andere Schreibweise
5 ml	1 Tee- oder Kaffeelöffel	
15 ml	1 Esslöffel	
35 ml	1/8 Tasse	1 oz (oder Unze)
65 ml	1/4 Tasse	2 oz
125 ml	1/2 Tasse	4 oz
250 ml	1 Tasse	8 oz
500 ml	2 Tassen	
1 Liter	4 Tassen	

Gewichtseinheiten

metrisches System	amerikanisches System	andere Schreibweise
30 g	1/8 oz	
55 g	1/8 lbs	2 oz
115 g	1/4 lbs	4 oz
170 g	3/8 lbs	6 oz
225 g	1/2 lbs	8 oz
454 g	1 Pfund	16 oz

Temperatur

Wärme	° Celsius	Thermostat	° Fahrenheit
Gering	70 °C	2–3	150 °F
Mittel	100 °C	3–4	200 °F
	120 °C	4	250 °F
Heiß	150 °C	5	300 °F
	180 °C	6	350 °F
Sehr heiß	200 °C	6–7	400 °F
	230 °C	7–8	450 °F
	260 °C	8–9	500 °F

Gracias por su visita

Danksagungen

Ich bedanke mich bei Beatriz, meiner Freundin aus der Grundschulzeit, die mich auf Spanien neugierig gemacht hat, als ich noch klein war.

Vielen Dank an Raul und Flo für ihr sorgfältiges Lektorat und ihre Anregungen. (*Alle* Vorschläge konnte ich nicht umsetzen …)

Ein Dankeschön an Marion Gingembre für das in allen Farben schillernde andalusische Kleid.

Ein Hoch auf Ève Cardi für ihre Leistung bei der Förderung der andalusischen Tanzkunst und ihre wertvolle Hilfe bei der Realisierung der Rezepte.

Muchas gracias an Sophie Dupuis-Gaulier für ihre Hilfe beim Einkauf von spanischen Zutaten und den Zug durch die Tapas-Bars …

Catherine und ihrer Familie sei gedankt für das exquisite Geschirr. Lieber Charles, du bist der spanischste aller Spanier, die ich kenne! Und Ferdinand: Du bist ein baskisches Original.

Zum wiederholten Male Danke an Barbara Sabatier und Adèle Vay für ihre Unterstützung bei unserer Kochbuchreihe. Achtung: Ich hätte da noch ein paar Ideen!

Das meiste des in diesem Buch gezeigten Porzellans wurde uns von der Boutique *tabernula,* die man in Paris in der Rue de Choiseul finden kann, zur Verfügung gestellt. Besten Dank dafür!

Café - Bar "El A
Desay
Chacina
Cocir

Casa Morales

C/ García Vinuesa, 11
Tel: 954 22 12 42
41001 SEVILLA

¡Viva el Cook!
© für die deutsche Ausgabe 2014 Tandem Verlag
Alle Rechte vorbehalten

© für die französische Originalausgabe
¿Hola que cook?
Mango, Paris 2011

Alle Rechte vorbehalten

Übersetzung aus dem Französischen: Annette Mader
Satz und Produktion: ce redaktionsbüro für digitales publizieren
Gesamtherstellung: Tandem Verlag GmbH, Potsdam

ISBN 978-3-8427-0865-5

10 9 8 7 6 5 4 3 2 1

In gleicher Ausstattung sind erschienen:

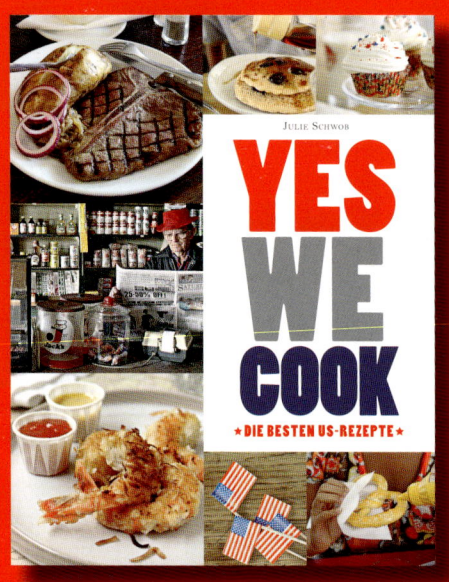

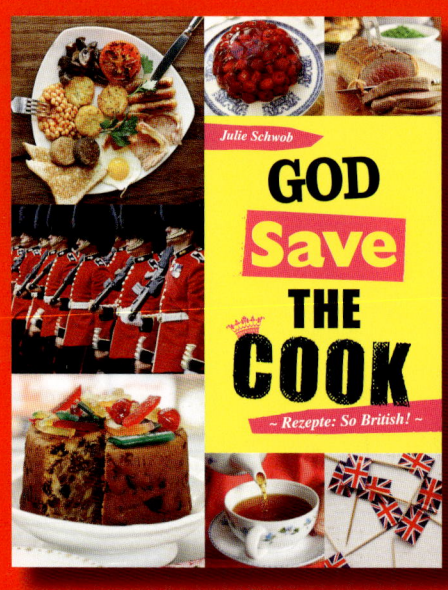